Bröder/Hilbich
Das letzte Jahr im Kindergarten

W0192130

praxisbuch kindergarten

Monika Bröder
Ulrike Hilbich

Das letzte Jahr im Kindergarten

Entwicklungsgerecht begleiten

Herder Freiburg · Basel · Wien

Gedruckt auf umweltfreundlichem,
chlorfrei gebleichtem Papier

Einbandfoto: Hartmut Schmidt, Freiburg
Illustrationen: Meike Hürster, Freiburg
Textfotos: von den Autorinnen, alle Rechte bei den Autorinnen

Satz: Fotosetzerei G. Scheydecker, Freiburg im Breisgau
Druck und Einband: Freiburger Graphische Betriebe 1996
ISBN 3-451-22764-9

Inhalt

Vorwort 9

1. Die pädagogische Arbeit im Kindergarten
vor dem Hintergrund des situationsorientierten
Ansatzes 15

2. Wer sind eigentlich die Sechsjährigen? 19
2.1 Erzieherinnen entdecken sich selbst als Kinder 23
Übung: Spaziergang in die Vergangenheit 25 – Übung: Meditation 26
2.2 Bedürfnisse der Sechsjährigen erkennen und
verstehen 30
Das Bedürfnis, miteinander zu spielen 30 – Das Bedürfnis nach
unbeobachtetem Spiel 31 – Das Bedürfnis, die Welt zu erforschen und zu entdecken 31 – Das Bedürfnis, mehr zu wissen und
zu erfahren 32 – Das Bedürfnis nach Bewegung und Wettkampf
33 – Das Bedürfnis nach feinmotorischer Betätigung 34 – Das
Bedürfnis nach Liebe und Geborgenheit 34

3. Die pädagogische Arbeit im Kindergarten im
gesellschaftlichen und familiären Kontext 36
3.1 Der Kindergarten als Ergänzung zum Elternhaus ... 39
3.2 Die Lebenssituation von Peter 40
Folgerungen für die pädagogische Arbeit im Kindergarten 41
3.3 Die Lebenssituation von Jessica 43
Folgerungen für die pädagogische Arbeit im Kindergarten 44
3.4 Die Lebenssituation von Selcan 46
Folgerungen für die pädagogische Arbeit im Kindergarten 47 –
Zusammenfassung 48

4. *Situationsorientiertes Arbeiten in der*
   Gruppe unter besonderer Berücksichtigung der
   Sechsjährigen 50
4.1 Die Situation der Sechsjährigen im Kindergarten 51
4.2 Die Bedeutung des eigenständigen und ungestörten
    Spiels 54
4.3 Was lernen die Kinder, wenn sie „nur" zusammen
    spielen? 58
4.4 Raumgestaltung im Kindergarten 60
4.5 Das Materialangebot im Kindergarten 62
4.6 Kommunikation und Gespräche im Kindergarten ... 66
4.7 Lebensrealität im Kindergarten erfahrbar machen ... 68
4.8 Die Beobachtung der Kinder als notwendige Voraus-
    setzung für die pädagogische Arbeit 71
4.9 Die Zusammenarbeit mit der Schule 73

5. *Elternarbeit im letzten Kindergartenjahr* 76
5.1 Ängste und Sorgen der Eltern in Bezug auf die
    Einschulung der Kinder 76
5.2 Beratung von Eltern bei Fragen der Einschulung 78
    Beobachtungskriterien im Hinblick auf die Schulfähigkeit 79 – Ein
    Gesprächsbeispiel 82
5.3 Anregungen für die Gestaltung von Elternabenden
    zum Thema „Gestaltung der pädagogischen Arbeit
    im letzten Kindergartenjahr" 85
    Beispiele 86

6. *Praxisanregungen aus den Bereichen: Klang –*
   Rhythmik – Bewegung 90
   Die Bedeutung des improvisierten Spiels 92
6.1 Die akustische Umwelt unserer Kinder 93
6.2 Klangexperimente mit dem Kassettenrecorder 96
    Der Kassettenrecorder lauscht 96 – Wir lauschen selbst mit dem
    Kassettenrecorder 96 – Wir erfinden neue Geräusche 96 – Zu-
    sammenfassung 96
6.3 Rhythmus- und Wahrnehmungsexperimente mit
    dem gesamten Körper 98
    Körpertippen 98 – Stille Post 99 – Tonleiterhüpfen 99 – Galop-
    pierende Pferde 99 – Glocken unterhalten sich 101 – Bienen-
    schwarm 103

7. *Musikalische Geschichten – ein Weg zum aktiven*
   Musikhören 104
7.1 Programmusik 105
   „Die Moldau" – eine Wegbeschreibung 106 – „Die Moldau" –
   umgesetzt in ein tänzerisches Theaterstück 108 – „Die Moldau"
   – umgesetzt in eine handwerkliche Gestaltungsform 110 – „Die
   Moldau" – umgesetzt in malerischer Form 112 – Zusammenfassung 113
   „Der Hummelflug" – in tänzerischer Umsetzung 114 – „Piccolo,
   Sax und Co" – ein tänzerisches Rollenspiel 115 – „Hornpipe" –
   wir spielen Orchester 116
7.2 Frei erfundene musikalische Geschichten 116
   „Schmetterlingstanz" 117 – Geschichten zur Musik: „In der Halle
   des Bergkönigs" 119 – „Die Verfolgungsjagd" 120 – „Der Riese"
   121 – „Die Lokomotive" 121 – „Die Mäuschen" 122 – Weitere
   Musikbeispiele 122 – Zusammenfassung 123

8. *Experimentieren mit Orffinstrumenten und anderen*
   Klangerzeugern 125
   Erster Kontakt mit dem Orffinstrumentarium 126 – Meine vielen Namen 127 – Ein Orchester improvisiert 128 – Graphische
   Notationsformen 129 – Instrumentale Begleitung bekannter Lieder 131 – Wir spielen Radio 131 – Richtungshören 132 – Topf-
   schlagen 133 – Instrumentenklau 133 – Instrumentenraten 134 –
   Geräuschedosen 134 – Untermalung von Bilderbuchgeschichten
   mit Klängen und Geräuschen 134 – Geräuschgeschichten als Ratespiel 138 – „Geisterstunde" 139

9. *Bewegungsspiele mit und ohne Musik* 142
   Einfache tänzerische Formen zu instrumentaler Musik 142 –
   Eine Spielreise 143 – Wiegetanz 144 – Wir bauen eine phantasti-
   sche Menschenmaschine 145 – Phantasiegeschichten 145 – Ein
   illusionärer Spaziergang 146 – Pantomimenspiel: Palme-Affe-
   Elefant 148

10. *Praxisanregungen aus den Bereichen: bildnerisches*
    und handwerkliches Gestalten 150
    Eine Märchenfigur – Der Riese aus dem „Tapferen Schneider-
    lein" 150 – Der Guckkasten – Phantasielandschaft in einem Schau-
    kasten 153 – Der Fühlkasten 155 – Eine Fotorallye 155 – Künst-
    lerische Umgestaltung der Fotografien 157 – Spielerische Diapro-
    jektionen 158 – Kreatives Papierschöpfen 159

11. *Praxisanregungen aus den Bereichen:*
     Sachbegegnungen und Experimentieren 163

Nachwort 169

Literatur 171

Quellenangaben zu Musikbeispielen 173

Vorwort

„Bald beginnt der Ernst des Lebens! Warte mal, bis du in die Schule kommst!" Dies sind Sätze, wie sie Kinder im letzten Kindergartenjahr oft hören.

In diesem Jahr wird von seiten der Eltern immer wieder die Frage gestellt, wie die pädagogische Arbeit im Kindergarten mit Blick auf die Schule gestaltet wird.

Viele Eltern wollen vorzeigbare Produkte in Form von gut ausgeführten Mal- und Bastelarbeiten sehen, die die Kinder mit nach Hause bringen. Auch der Wunsch nach Vorschulmappen wird immer wieder geäußert.

Eltern möchten ihren Kindern gleichsam einen Vorsprung in der Schule sichern, weil sie glauben, das Kind würde dann den Anforderungen besser genügen.

Der Wert des Spiels, die Gelegenheit für Experimente und eigene Aktivitäten der Kinder, verliert für viele Eltern mit Blick auf die bevorstehende Einschulung ihrer Kinder immer mehr an Bedeutung.

Erzieherinnen und Erzieher in Kindergärten suchen besonders im letzten Kindergartenjahr nach Wegen, Kinder einerseits vor vorzeitigem Leistungsdruck zu bewahren, sich aber andererseits nicht von seiten der Eltern den Vorwurf einzuhandeln, es werde im Kindergarten nur gespielt und zu wenig gelernt. Auf Grund der hohen Brisanz, die das Thema für Erzieherinnen und Eltern hat, äußerten Erzieherinnen deshalb immer wieder den Wunsch, in Fortbildungsveranstaltungen mehr über mögliche Schwerpunkte der pädagogischen Arbeit im letzten Kindergartenjahr zu erfahren, Fragen nach dem Entwicklungsstand der Sechsjährigen zu erörtern und Anregungen für entwicklungsgemäße Angebote für die Kinder im letzten Kindergartenjahr zu bekommen.

Vor dem Hintergrund des situationsorientierten Ansatzes

bieten wir seit vielen Jahren im Rahmen von Fortbildungsveranstaltungen für Erzieherinnen Kurse an, die sich thematisch mit der pädagogischen Arbeit im Kindergarten unter besonderer Berücksichtigung der Kinder, die bald in die Schule kommen, auseinandersetzen. Wegen der großen Nachfrage ist die Idee entstanden, die Inhalte der Kurse in einem Buch zu veröffentlichen und zu vertiefen.

„Der situationsorientierte Ansatz entstand in der Bildungsreform der 70er Jahre als Gegenbewegung zu den damals herrschenden Trends in der Vorschulerziehung. ... Ziel war es, ein eigenständiges sozialpädagogisches Konzept für den Kindergarten zu entwerfen, das den leistungsbezogenen Lernformen der damals in Mode gekommenen Vorschulförderung alternative, lebensweltbezogene Förderansätze, die von den täglichen Erfahrungen der Kinder ausgingen, entgegensetzen konnte".[1]

Vor dem Hintergrund des situationsorientierten Ansatzes ist es ein wesentliches Ziel der pädagogischen Arbeit im Kindergarten, den Kindern einen breiten Rahmen zu bieten, der es ihnen ermöglicht, ihre Fähigkeiten und Begabungen in sozialer, emotionaler, motorischer und kognitiver Hinsicht zu entwickkeln. Die Entwicklung der Gesamtpersönlichkeit des Kindes, der Aufbau eines positiven Selbstwertgefühls und das Erlernen der Fähigkeiten, die Kinder beim Hineinwachsen in unsere Welt benötigen, sind wesentliche Ziele der pädagogischen Arbeit im Kindergarten.

In diesem Buch wird aufgezeigt, daß der Kindergarten vor diesem Hintergrund viele, auch für die Schule notwendige Kompetenzen vermittelt, die pädagogische Arbeit im Kindergarten jedoch nicht reduziert als bloße Schulvorbereitung gesehen werden kann. Es geht vielmehr darum, Kinder darin zu fördern, Lebenssituationen der Gegenwart und näheren Zukunft möglichst selbstbestimmt und sachgerecht zu bewältigen.[2]

Gerade das letzte Jahr im Kindergarten wird häufig von Eltern als das Jahr vor der Schule angesehen, und Erzieherinnen

---

[1] vgl. Colberg-Schrader, 1991
[2] vgl. Zimmer, in: Hacker, 1992, S. 22f.

stehen besonders in dieser Zeit vor der Aufgabe, ihr pädagogisches Konzept zu verdeutlichen, wenn Eltern im Hinblick auf die Vorbereitung zur Schule Erwartungen an den Kindergarten herantragen, die nicht mit den Vorstellungen der Erzieherinnen übereinstimmen.

Es ist notwendig, mit den Eltern zu diskutieren und sich mit deren Vorstellungen über die Vorbereitung zur Schule auseinanderzusetzen. Dabei ist es wichtig, einerseits die Sorgen und Ängste der Eltern im Hinblick auf die Schule ernstzunehmen und aufzugreifen, andererseits aber, den Eltern schlüssig und sachlich die Vorstellungen des Kindergartens zur pädagogischen Arbeit verständlich zu übermitteln. Auch in dieser Hinsicht will das Buch den Erzieherinnen Hilfestellung geben.

Als wesentliche Schwerpunkte für dieses Buch ergeben sich deshalb:
- Entwicklungsstand, Bedürfnisse und Wünsche der Sechsjährigen;
- Die konkrete Lebenssituation der Sechsjährigen in Familie und Gesellschaft;
- Situationsorientiertes Arbeiten unter besonderer Berücksichtigung der „Großen";
- Ziele und Anregungen für die Elternarbeit im Jahr vor der Schule (Elternabende und Elterngespräche);
- Entwicklungsgemäße Anregungen aus der Praxis für die Praxis aus den Bereichen Musik und Bewegung, Rhythmik, Bildnerisches Gestalten und Sachbegegnung, wobei der Schwerpunkt auf die Kombination von Musik und Bewegung gelegt wird.

Dieses Buch ist geschrieben für Erzieherinnen und Erzieher, die das Kind mit seinen Wünschen und Bedürfnissen in den Mittelpunkt stellen wollen und nach möglichen Schwerpunkten für die pädagogische Arbeit im letzten Kindergartenjahr suchen. Ebenso richtet es sich an die Eltern, die sich über Möglichkeiten einer kindgemäßen pädagogischen Arbeit im letzten Kindergartenjahr informieren wollen. Alters- und entwicklungsgemäße Wünsche und Bedürfnisse der Sechsjährigen werden ausführlich dargestellt und vor dem Hintergrund gesellschaftlicher und familiärer Bedingungen in Zusammenhang mit konkretem pädagogischem Handeln gebracht.

Außerdem vermittelt dieses Buch Anregungen für praktische Aktivitäten, die auf Kinder dieser Altersgruppe zugeschnitten sind. Alle Beispiele und Ideen wurden zusammen mit Kindern entwickelt und erprobt. Sie sind jedoch in erster Linie als Anstöße zu verstehen, die jederzeit wieder verändert werden und an die eigene Gruppensituation bzw. die Neigungen und Interessen der Kinder angepaßt werden müssen.

Wenn wir in diesem Buch von Sechsjährigen reden, meinen wir das Entwicklungsalter der Kinder. Dabei muß jedoch berücksichtigt werden, daß das Entwicklungsalter nicht immer mit dem Lebensalter übereinstimmt. So können sich Sechsjährige auf dem Entwicklungsstand von jüngeren Kindern befinden, jüngere Kinder aber durchaus weiter entwickelt sein, als es ihrem tatsächlichen Lebensalter entspricht. Die Bezeichnung „Sechsjährige" ist also als Markierungspunkt zu verstehen, die Einschätzung des Entwicklungsstandes muß immer differenziert und individuell im Bezug auf das einzelne Kind festgelegt werden.

Am Ende des Buches finden Sie unter der Überschrift „Anregungen zum Weiterlesen" Literaturangaben, die zur Erweiterung und Vertiefung der Thematik geeignet sind.

An dieser Stelle danken wir allen, die an der Entstehung dieses Buches mitgearbeitet haben. Unser Dank gilt zuerst den Erzieherinnen, die seit vielen Jahren unsere Kurse zu diesem Thema besucht und durch ihre vielen guten Ideen und ihr großes Engagement immer wieder bereichert haben. Unser Dank gilt auch den Erzieherinnen und Kindern des Kindergartens St. Hrabanus-Maurus in Mainz, die über viele Jahre in unseren Kursen aktiv mitgewirkt haben, so daß auf diese Weise eine enge Verknüpfung von Theorie und Praxis in der Fortbildung möglich war.

Weiterhin danken wir den Erzieherinnen des Lutherkindergartens, die neuen Ideen gegenüber immer aufgeschlossen waren und uns dadurch bei der Erprobung praktischer Aktivitäten für dieses Buch immer unterstützt haben.

Unser besonderer Dank gilt unseren Freundinnen und Kolleginnen Annemarie Hauch, Susanne Schmidt und Jutta Schäfer für ihr Mitdenken und ihre Anregungen bei der Entstehung dieses Buches.

Ein Dankeschön geht auch an unsere Männer für ihre Hilfe und Geduld bei der Textverarbeitung.

Wir widmen dieses Buch unseren Kindern Arne und Oliver, Linda, Bettina und Andreas, die alle einmal sechs Jahre alt waren, uns mit vielen Ideen bereichert und uns so bei der Konzeption unserer Kurse und somit auch bei der Entwicklung dieses Buches geholfen haben.

Allen, die Lust haben, in diesem Buch weiterzulesen, wünschen wir viel Spaß beim Lesen, Nachdenken, Ausprobieren und Weiterentwickeln der im Buch dargestellten Anregungen und Ideen.

1 Die pädagogische Arbeit im Kindergarten vor dem Hintergrund des situationsorientierten Ansatzes

Auf Grund der großen Veränderungen in unserer Gesellschaft ist es für Familien immer schwerer geworden, Kinder bei deren Hineinwachsen in die Welt zu begleiten. Viele Kinder brauchen – heute mehr als früher – Hilfe und Unterstützung von Institutionen bei der oft schwierigen Aufgabe, in ihrer unmittelbaren Umgebung und Lebenssituation zurechtzukommen und Zusammenhänge in unserer schwer durchschaubaren Erwachsenenwelt zu verstehen.

Vor dem Hintergrund des situationsorientierten Ansatzes ist es vorrangiges Ziel der pädagogischen Arbeit im Kindergarten, den Kindern dabei zu helfen, in unsere Welt hereinzuwachsen und diese in kleinen Schritten immer mehr zu verstehen. Kinder sollen darin gefördert werden, Lebenssituationen in der Gegenwart und der näheren Zukunft möglichst selbstbestimmt und sachgerecht zu bewältigen.

Viele Erfahrungen, die Kinder früher ganz natürlich im Umgang mit Menschen und Dingen ihrer unmittelbaren Umgebung machen konnten, sind heute nur sehr erschwert erlebbar. Die Berufswelt der Erwachsenen ist meistens losgelöst vom kindlichen Erfahrungsbereich, großes Verkehrsaufkommen und weite Entfernungen zwingen viele Kinder in eigens für sie geschaffene Räume. Für viele Kinder ist es daher schwer, Erfahrungen in ihrer unmittelbaren Umgebung zu sammeln und sich mit ihrer Umwelt aktiv auseinanderzusetzen.

An dieser Stelle setzt situationsorientiertes Arbeiten im Kindergarten an. Im Kindergarten ist die pädagogische Arbeit orientiert an den Lebensbedingungen der Kinder, und Lernen erfolgt situativ im täglichen Miteinander, im Spiel und allen Aktivitäten, die für Kinder von Bedeutung sind. Die Erzieherinnen orientieren sich bei der Planung und Durchführung konkreter Angebote an dem, was die Kinder selbst einbringen und an Situationen, die für sie wichtig und bedeutsam sind. Kinder können sich an der Planung von Aktivitäten und Projekten beteiligen.

Lernen im Kindergarten unterscheidet sich vor dem Hintergrund des situationsorientierten Ansatzes in verschiedener Hinsicht vom Lernen in der Schule:

Im Kindergarten kommt es nicht darauf an, daß ein bestimmtes Wissen oder bestimmte Fähigkeiten in einem festgeschriebenen Zeitraum erreicht werden und überprüfbar sein müssen.

Lernen im Kindergarten läßt Raum für individuelle Möglichkeiten und Interessen der Kinder. Die pädagogische Arbeit bezieht sich immer wieder von neuem auf Situationen und Bedürfnisse der Kinder, die im alltäglichen Kindergartengeschehen deutlich werden und für die Kinder von Wichtigkeit sind.

Soziales Lernen hat Vorrang vor dem sachbezogenen Lernen.

Die Kindergruppe im Kindergarten ist altersgemischt, während in der Schule die Kinder nach Alter in einer Klasse zusammengefaßt sind. Die altersgemischte Gruppe ermöglicht viele Erfahrungen hinsichtlich des sozialen Lernens.

Das Lernen im Kindergarten schließt auch Lernorte außerhalb der Einrichtung mit ein, und Eltern und andere Erwachsene können aktiv in die pädagogische Arbeit eingebunden werden. So werden den Kindern auf diese Art neue Erfahrungen eröffnet und soziales und sachbezogenes Lernen ermöglicht.[3]

Der situationsorientierte Ansatz stellt das Kind mit seinen altersgemäßen Bedürfnissen und Interessen in den Mittelpunkt der pädagogischen Arbeit. Er zielt ab auf eine Förderung der Gesamtpersönlichkeit des Kindes in allen Bereichen und nicht auf eine einseitige Förderung im kognitiven Bereich.

In dieser Hinsicht unterscheidet sich der situationsorientierte Ansatz in seiner Zielsetzung von den Vorstellungen zur pädagogischen Arbeit im Kindergarten der sechziger Jahre.

Damals forderten Lernpsychologen die besondere Nutzung früher Begabungsreserven des Kindes.[4] So wurde der Kinder-

---

[3] vgl. Zimmer, in: Hacker, 1992, S. 22f.
[4] vgl. Colberg-Schrader / Krug, 1986, S. 31

garten von vielen als Vorbereitungseinrichtung für die Schule
verstanden und· der Begriff der „Vorschulerziehung" geprägt.
Die kognitive Förderung der Kinder und das Erlernen bestimmter Techniken im motorischen Bereich als Vorbereitung
auf die Schule war in vielen Kindergärten ein wesentlicher Bestandteil der pädagogischen Arbeit im letzten Kindergartenjahr. Als Hilfsmittel wurden dazu vielerorts die Vorschulmappen eingesetzt.

Dem Kindergarten wird heute ein eigener, von der Schule
unabhängiger Bildungsauftrag zuerkannt.

Armin Krenz beschreibt in seinem Buch „Der situationsorientierte Ansatz im Kindergarten" den Bildungsauftrag vor
dem Hintergrund des situationsorientierten Ansatzes folgendermaßen: „Der Bildungsauftrag des Kindergartens besteht
in einer ganzheitlichen Unterstützung der Handlungs-, Bil-
dungs-, Leistungs- und Lernfähigkeit von Kindern unter besonderer Berücksichtigung kultureller Werte und religiöser Erfahrungen. Dieser Bildungsauftrag ist nur einzulösen bei bewußter Ablehnung eines schulvorgezogenen Arbeitens und bei
oberster Wertschätzung des Spiels. Der Kindergarten ist damit
nicht ein Ort, an dem Kinder Wissen aufnehmen und an erster
Stelle kognitiv gefördert werden, sondern die Grundlagen für
ein kognitives Lernen erweitern. Der spätere Erfolg des schuli-
schen Lernens hängt also davon ab, wie intensiv Kinder Neugierde und Motivation zur Verfügung haben, Spaß am Lernen
zu entfalten".[5]

Eine situationsorientierte pädagogische Arbeit im Kindergarten kann wesentlich dazu beitragen, daß Kinder Spaß am
Lernen entfalten können.

Wichtigste Voraussetzung dafür ist, daß auf die emotionalen
Bedürfnisse der Kinder eingegangen wird und die Kinder im
Kindergarten Bedingungen finden, die ihnen Raum zum Spie-
len, Experimentieren und zum Entwickeln eigener kreativer
Ideen sichern. Ebenso wichtig sind auch Angebote und Anre-
gungen durch die Erzieherinnen, damit Kinder immer wieder
Anstöße für eigene, weitere Aktivitäten erhalten.

---

[5] Krenz, ⁹1995, S. 37f.

Der Bildungsauftrag des Kindergartens gilt für die gesamte Zeit, in der das Kind den Kindergarten besucht. Die pädagogische Arbeit im letzten Kindergartenjahr ist also integrierter Bestandteil der Gesamtkonzeption des Kindergartens, d. h., daß der Kindergarten konzeptionell als pädagogische Einheit zu verstehen ist. Eine differenzierte Gruppenarbeit trägt den unterschiedlichen Interessen und entwicklungsgemäßen Bedürfnissen der Kinder Rechnung, ohne daß dabei jedoch die Bezüge zur Gesamtgruppe verloren gehen.

2 Wer sind eigentlich die Sechsjährigen?

Wer sind eigentlich die Sechsjährigen? Wie kann man ihren Entwicklungsstand beschreiben? Welche Bedürfnisse und Wünsche haben Sechsjährige? Was brauchen sie? Was benötigen sie an Spiel- und Entfaltungsmöglichkeiten im Kindergarten und in ihrem häuslichen Umfeld?

Wenn wir uns in unserer Arbeit an den Kindern orientieren und entwicklungs- und altersgemäße Bedingungen im Kindergarten schaffen wollen, ist es notwendig, sich einmal mit der Frage auseinanderzusetzen, auf welchem Entwicklungsstand die Kinder stehen und welche typischen Merkmale trotz unterschiedlicher Ausprägung beim einzelnen Kind für diese Altersgruppe beschrieben werden können.

Grundsätzlich muß vorausgeschickt werden, daß sich alle Kinder voneinander unterscheiden. Schon im Säuglingsalter werden Unterschiede zwischen den Kindern deutlich, und je älter sie werden, umso deutlicher bildet sich die Individualität des einzelnen Kindes heraus. Jedes Kind hat ein anderes Anlagepotential mitbekommen, jedes Kind wächst unter anderen Umweltbedingungen auf, und Eltern und Erzieher reagieren nicht gleich auf dasselbe Verhalten der Kinder. Es kann ein bestimmtes Verhalten von Eltern als frech und vorlaut angesehen und bestraft werden und dasselbe Verhalten eines anderen Kindes von seinen Eltern als aufgeweckt und intelligent gewertet werden. Die Persönlichkeit der Kinder bildet sich in hohem Maße auch durch die Resonanz von seiten der Umwelt aus. So entwickelt sich jedes Kind entsprechend seinen Anlagen, seinen Umweltbedingungen und dem Wechselspiel, das sich daraus ergibt.

Das Alter zwischen fünfeinhalb und sechseinhalb Jahren wird in der Entwicklungspsychologie als das Alter des ersten Gestaltwandels beschrieben.[6]

---

[6] vgl. Remplein, 1971, S. 290 ff.

Damit ist gemeint, daß sich das Kind körperlich verändert, was bei dem einen Kind deutlicher wahrgenommen werden kann, als bei einem anderen. Die Extremitäten der Kinder strecken sich, die Kinder wirken insgesamt länger und dünner. Muskeln treten stärker hervor, der vorstehende Bauch des Kleinkindes scheint sich zu verkleinern. Auch im Gesicht beginnen die Kinder sich zu verändern, indem Mittel- und Untergesicht wachsen und die Stirn dadurch kleiner wirkt als vorher. Die Schulterbreite nimmt zu, und die Taille bildet sich heraus. Es gibt keine Regel, die besagt, in welcher Reihenfolge sich die Veränderungen an den einzelnen Körperteilen vollziehen. So entstehen bis zum Übergang ins späte Kindesalter Mischungserscheinungen von der alten zur neuen Form. Mädchen beginnen und beenden den Gestaltwandel – ähnlich wie auch im Jugendalter – im allgemeinen früher als Jungen. Ausdruck der tiefgreifenden körperlichen Veränderungen ist auch die Tatsache, daß die ersten Milchzähne in diesem Alter ausfallen und sich allmählich das endgültige Gebiß formt. Im 6. und 7. Lebensjahr bricht gewöhnlich der erste Mahlzahn des Dauergebisses durch, und die vier Schneidezähne folgen.

Parallel zu den körperlichen Veränderungen in diesem Alter vollziehen sich auch tiefgreifende seelische Veränderungen.

Das Kind realisiert zum Teil noch sehr kleinkindhafte Verhaltensweisen, während sich auf der anderen Seite oft schon eine große Reife und schulkindliche Eigenschaften zeigen. Genauso wie das Kind in diesem Lebensalter körperlich unproportional wirken kann, ist auch sein seelischer Zustand häufig labil und schwankend. Die Kinder erinnern in ihrem Verhalten stark an das Trotzalter, weil sie zu starken Stimmungsschwankungen neigen, manchmal explosiv ihre Gefühle entladen und vernünftigen Argumenten oft nur sehr schwer zugänglich sind. Zitat einer Mutter eines sechsjährigen Jungen: „Wenn Matthias sich ärgert über ein Verbot, das ich ausspreche, kann es geschehen, daß er mich anschreit und mir sagt, wie sehr er mich haßt. Im nächsten Augenblick wiederum fällt er mir in die Arme und schluchzt: ‚Mama, ich habe dich ja so lieb‘.“

Kinder in diesem Alter zeigen sich auch in ihrem Antriebsverhalten sehr widersprüchlich. Manchmal sind sie hochgradig aktiv, strotzen vor Kraft und Energie und versuchen ihre überschüssigen Kräfte durch wildes Herumtoben oder übergroße Zappeligkeit abzureagieren. Manchmal wiederum wirken sie schlapp, müde und passiv und trödeln herum, ohne sich mit irgendetwas dauerhafter beschäftigen zu können. Das Kind langweilt sich in dieser Zeit oft, was darauf zurückzuführen ist, daß die Spiele, die es zuvor begeisterten, nun keinen rechten Spaß mehr machen wollen, andererseits aber ist noch nichts Neues an die Stelle der alten Aktivitäten getreten. Die Kinder befinden sich in einer schwierigen Übergangsphase zwischen dem Klein- und Großkind.

Die Phase des Gestaltwandels ist eine Lösungsphase, das heißt, daß sich die Bindung an zu Hause und die Eltern ein Stück weit lockert. Die Kinder suchen jetzt verstärkt Kontakte zu anderen, die Eltern und Geschwister als Bezugspersonen reichen nicht mehr aus. Das Nest wird allmählich zu eng. Viele Kinder wollen in dieser Zeit nicht mehr an die Hand genommen werden, sondern selbständig neben den Erwachsenen gehen. Auch die Beziehung zu den jüngeren Geschwistern verschlechtert sich häufig, weil die Kinder anfangen, die Kleineren zu tyrannisieren und zu bevormunden. Sie verlangen von ihnen, sich ihren Wünschen zu fügen, sind selbst aber wenig kompromißbereit und zugänglich für das, was andere von ihnen möchten.

Während die Kinder in dieser Zeit nach mehr Eigenständigkeit und Selbständigkeit streben, sehnen sie sich gleichzeitig danach, von den Eltern geliebt zu werden und in der Familie geborgen zu sein. „So wechselt sein mitmenschliches Verhalten zwischen Zuneigung und Abneigung, Anhänglichkeit und Widersetzlichkeit, warmer Zärtlichkeit und kühl-abweisender Haltung."[7]

Typisch für das Alter der Sechsjährigen ist, daß das Kind oft desorientiert wirkt und selbst nicht so genau weiß, was es eigentlich will. Es kann sich nur sehr schwer entscheiden und zu einer Meinung durchringen. So erzählt eine Mutter, daß ihre sechsjährige Tochter in größte Konflikte geraten sei, als sie sich zwischen einem Glas Limonade und einem Eis entscheiden sollte.

---

[7] vgl. Remplein, 1971, S. 295

Zusammenfassend kann man sagen, daß die Kinder in der Zeit des Gestaltwandels eine Übergangsphase durchleben, die sowohl für das Kind selbst als auch für alle anderen, die mit ihm zu tun haben, sehr schwierig und anstrengend sein kann. Das Alte ist noch nicht ganz vergangen, und das Neue hat seinen Platz noch nicht gefunden. So lebt das Kind in einer Art inneren Vakuums. Dies zeigt sich auch daran, daß es ihnen gerade in diesem Alter oft an Geduld und Ausdauer mangelt, während sie sich früher durchaus länger und ausgiebiger mit einer Sache befassen konnten.

Durch die vorangegangene Beschreibung des Entwicklungsstandes der Sechsjährigen ist deutlich geworden, daß dieses Alter für Kinder sehr schwierig ist. Sie sind jetzt besonders auf das Verständnis von Erzieherinnen und Eltern angewiesen, damit sie diese Lebensphase unbeschadet durchlaufen können. Das vorher beschriebene kindliche Verhalten stellt die Ausdauer und Liebe der Erwachsenen jedoch vielfach auf eine harte Probe.

Im Kindergarten taucht häufig die Frage auf, ob das eine oder andere Verhalten eines Kindes überhaupt noch als „normal" betrachtet oder bereits als verhaltensgestört eingestuft werden muß. An dieser Stelle soll deutlich herausgestellt werden, daß viele auffällige Verhaltensweisen der Kinder durchaus ihrem Alter und ihrem Entwicklungsstand entsprechen und große Zurückhaltung geboten ist, bevor ein Kind in seinem Verhalten als gestört eingestuft werden darf. Es muß in jedem Einzelfall gründlich geprüft werden, ob es sich tatsächlich um eine Verhaltensstörung oder lediglich um eine Entwicklungsphase handelt, in der das Kind die Unterstützung und Hilfe der Erwachsenen besonders benötigt. Viele Verhaltensweisen, die uns Erwachsene bei Sechsjährigen stören, sind in Wirklichkeit der Ausdruck eines Reifungsprozesses, der für die Kinder notwendig ist, um das eigene Ich und die eigene Identität zu entwickeln.

Es ist ebenfalls wichtig, mit den Eltern zu sprechen, wenn diese sich über das Verhalten ihrer Sechsjährigen wundern, und ihnen die Entwicklungsphase zu erklären, die die Kinder gerade durchlaufen. Viele Eltern machen sich Sorgen um das Verhalten ihrer Kinder und wissen nicht, was sie davon halten, und wie sie damit umgehen sollen.

Hier gilt es, bei den Eltern im Gespräch Verständnis für Kinder zu wecken, denn diese Entwicklungsphase ist Ausdruck eines Reifungsprozesses, bei dem die Kinder besonders auf die Liebe und Akzeptanz der Erwachsenen angewiesen sind.

2.1 Erzieherinnen entdecken sich selbst als Kinder

In diesem Zusammenhang soll folgendes Zitat von Erich Kästner vorangestellt werden:

> *„Laßt euch die Kindheit nicht austreiben! Schaut, die meisten Menschen legen ihre Kindheit ab wie einen alten Hut. Sie vergessen sie wie eine Telefonnummer, die nicht mehr gilt. Ihr Leben kommt ihnen vor wie eine Dauerwurst, die sie allmählich aufessen, und was gegessen worden ist, existiert nicht mehr. Man nötigt euch in der Schule eifrig von der Unter- über die Mittel- zur Oberstufe. Wenn ihr schließlich drobensteht und balanciert, sägt man die „überflüssig" gewordenen Stufen hinter euch ab, und nun könnt ihr nicht mehr zurück! Aber müßte man nicht in seinem Leben wie in einem Hause treppauf und treppab gehen können? Was soll die schönste erste Etage ohne den Keller mit den duftenden Obstborten und ohne das Erdgeschoß mit der knarrenden Haustür und der scheppernden Klingel? Nun – die meisten leben so! Sie stehen auf der obersten Stufe, ohne Treppe und ohne Haus, und machen sich wichtig. Früher waren sie Kinder, dann wurden sie Erwachsene, aber was sind sie nun? Nur wer erwachsen wird und Kind bleibt, ist ein Mensch!"* [8]

Wenn wir den Versuch unternehmen wollen, die Bedürfnisse der Sechsjährigen im Kindergarten aufzuspüren, ist es hilfreich, sich als Erwachsene einmal an die eigene Kindheit zu erinnern und wachzurufen, was uns selbst als Kindern wichtig war, was

---

[8] Erich Kästner, Gesammelte Schriften. Bd. 5. Vermischte Beiträge Köln / Berlin, S. 181.

wir gerne gemacht haben und was uns bewegt und beschäftigt hat. Es ist für uns als Erwachsene wichtig, selbst wieder ein Stück weit Kind zu werden, mit Kinderaugen zu schauen, um so auch emotional einen Zugang zu den Sechsjährigen zu bekommen. So ging es uns in unseren Kursen auch um die Erarbeitung eines tieferen Verständnisses für die Altersgruppe der Sechsjährigen, indem wir uns in die Zeit versetzten, in der wir selbst Kinder waren und uns daran erinnerten, welche Bedürfnisse, Wünsche und Träume wir hatten, welche Aktivitäten wir entwickelten und welche Gefühle wir in uns wahrgenommen haben.

In ihrem Buch: „Besuch bei Astrid Lindgren" sagt Kerstin Ljunggren über die berühmte und beliebte Autorin vieler Kinderbücher: „Weißt du – vielleicht ist Astrid Lindgrens größtes Geheimnis doch das, daß sie sich daran erinnert, wie es war, Kind zu sein. Sie schreibt für das Kind, daß sie selbst einmal gewesen ist – und sie erinnert sich ganz genau daran, was dieses Kind fühlte, was es gern tat, hörte und las!"[9]

Die Beschäftigung mit der eigenen Kindheit und dem, was uns als Kindern wichtig und bedeutsam war, kann helfen, einen natürlicheren und „pädagogisch unverbildeteren" Blick für Kinder zu entwickeln. Erzieherinnen berichten, daß sich durch ihre Beschäftigung mit der eigenen Kindheit ihr Rollenverständnis als Erzieherin geändert hat, insofern, als sie bei den Kindern nun mehr Eigenständigkeit zulassen, flexibler bei der täglichen Arbeit sind und insgesamt verständnisvoller auf die Kinder eingehen können.

Alle Erwachsenen waren selbst einmal Kinder, hatten als Kinder Wünsche und Bedürfnisse und haben sich in verschiedener Weise mit sich selbst und ihrer Umwelt auseinandergesetzt.

Die Leserinnen und Leser dieses Buches, die sich einmal von ihrer professionellen Rolle lösen und sich durch die Erinnerung an ihre eigene Kindheit den Weg zu den Kindern heute bahnen wollen, sind eingeladen, einen „Spaziergang in die Vergangenheit" zu machen.

---

[9] Ljunggren, 1994, S. 104

An die frühe Kindheit können sich nur wenige erinnern, und viele Erinnerungen sind entstanden aus Erzählungen von Eltern oder Verwandten. Es gelingt jedoch vielen, sich an Einzelheiten zu erinnern, die für sie im Alter von etwa sechs Jahren bedeutsam waren. Die Einschulung ist für die meisten Erwachsenen ein wichtiger Markierungspunkt in der eigenen Kindheit, an dem sich viele Erinnerungen festmachen lassen.

Übung: Spaziergang in die Vergangenheit

Für einen „Spaziergang in die Vergangenheit" hin zu unserem eigenen inneren Kind, hat es sich in Kursen als hilfreich erwiesen, Bilder aus der eigenen Kindheit zu betrachten, die uns selbst als Kinder im Alter von sechs Jahren zeigen. Wir legen dazu diese Kinderbilder verdeckt in die Mitte des Kreises auf den Boden, und jede Teilnehmerin sucht sich ein fremdes Bild. Nun versuchen alle, sich gegenseitig auf Grund der Kinderbilder zu erkennen. Die Erzieherinnen machen die Erfahrung, daß es oft ganz einfach ist, die anderen zu identifizieren. Bei manchen sind die Gesichtszüge gleichgeblieben, andere haben noch immer das gleiche Lachen, auch die Gesichtsform und die Haarfarbe verraten häufig den Menschen von heute. Wir erkennen, daß das Kind, das wir einmal waren, noch immer in uns verborgen lebt, auch wenn wir älter geworden sind und uns manchmal sehr verändert haben. Mit dem Betrachten von Bildern können viele Erinnerungen aus der eigenen Kindheit wieder neu wachgerufen werden. Die Schleife im Haar, das Kleid, das immer kratzte, der Mantel, der mehrfach umgearbeitet wurde, andere Kinder, die vielleicht auf den Bildern zu sehen sind, lassen ein Stück Wirklichkeit aus unserer eigenen Kindheit vor unserem inneren Auge entstehen. Viele Bilder zeigen den ersten Schultag, und wir begegnen uns selbst mit unseren ängstlichen, neugierigen, lachenden oder ernsten und angespannten Gesichtern.

Oft kann man aus der Kleidung auf den Photos auf das jetzige Alter schließen, weil bestimmte Kleidungsstücke oder Frisuren in einer bestimmten Zeit Mode waren. Es entstehen viele Gespräche über die gesellschaftlichen Veränderungen, die sich seit unserer Kindheit vollzogen haben und die sich auf die Kinder heute auswirken. Über die gesellschaftlichen Bedingungen von Kindsein heute soll an späterer Stelle noch näher eingegangen werden.

Auch für die Leserinnen und Leser dieses Buches kann das Betrachten von eigenen Fotos eine Hilfe bei der Spurensuche in die eigene Kindheit sein.

Diese Übung ist auch geeignet, um sie an Elternabenden einzusetzen, bei denen über die Sechsjährigen im Kindergarten gesprochen werden soll. Eltern haben durch diese Übung die Möglichkeit, sich für eine Weile von der Elternrolle zu lösen, können in ihrer Erinnerung selbst wieder ein wenig Kind sein und so ein besseres Verständnis für die eigenen Kinder entwickeln.

Übung: Meditation

Um noch weiter in die eigene Kindheit vorzudringen und damit das Verständnis für die uns anvertrauten Kinder zu vertiefen, hat sich eine Meditation als sehr hilfreich erwiesen. Mit Hilfe des folgenden Textes kann es gelingen, sich Schritt für Schritt an die Zeit heranzutasten, in der wir selbst etwa sechs Jahre alt waren.

Auch diese Methode ist für Elternabende geeignet.

Die Leserinnen und Leser dieses Buches können diese Meditation auch im Team durchführen. Manchen hilft eine ruhige Musik dabei, sich zu entspannen und die Bilder aus der eigenen Kindheit in sich aufsteigen zu lassen.

In der Meditation wird die Du-Form benutzt, weil es mit dem unpersönlichen und distanzierten „Sie" schwerfällt, die eigene Kindheit wieder aufleben zu lassen.

Meditation:
Bitte setze Dich so bequem wie möglich hin und entspanne Dich.

Bitte schließe jetzt die Augen, oder schau ein Stück vor Dir auf den Boden. – – – – – – – –

Jeder ist jetzt ganz nah bei sich. – – – – – – – – – Wir gehen langsam zurück in der Zeit, – – – – – – – – durch die verschiedenen Stationen unseres Lebens. – – – – – – – – – Wir stellen uns vor, wie wir in der Ausbildung waren, – – – – – – – – wie wir in die Schule gegangen sind. – – – – – – – – – Vielleicht fällt Dir Deine erste Lehrerin wieder ein. – – – – – – – – Dein erster Tag in der Schule. – – – – – – – – – Vielleicht erinnerst Du Dich an Gedanken und Gefühle, die Du damals hattest. – – – – – – – – Du bist jetzt etwa sechs Jahre alt.

Stell' Dir das Haus vor, in dem Du gewohnt hast. – – – – – – – – – Du stehst davor und schaust es an. – – – – – – – – Vielleicht sieht jemand aus dem Fenster. – – – – – – – – – Kannst Du jemanden erkennen? – – – – – – – –

Stell' Dir die Menschen vor, mit denen Du damals gelebt hast. – – – – – – – – Wer gehörte zu Deiner Familie? – – – – – – – – –

Wer sitzt beim Essen am Tisch? – – – – – – – – – Kannst Du Dich an Dein Lieblingsessen erinnern? – – – – – – – – – Weißt Du noch die Sitzordnung bei Tisch? – – – – – – – – Kannst Du Dich noch an Gespräche erinnern, die bei Tisch stattfanden? – – – – – – – – Wie war die Umgebung um Dein Haus? – – – – – – – – Stell' Dir vor, wo Du gespielt hast? – – – – – – – – Hattest Du Freunde und Freundinnen? – – – – – – – – Denk' daran, was Ihr gespielt habt – – – – – – – – Welches waren Deine Lieblingsspiele? – – – – – – – – Bist Du in den Kindergarten gegangen? – – – – – – – – Denk' an Deine

Kindergärtnerin. – – – – – – – – – Vielleicht verbindest Du an-
genehme Gefühle mit dem Kindergarten, – – – – – – – – – vielleicht gibt es auch unangenehme Erinnerungen. – – – – – – – –
– – Gab es in Deiner Kindheit etwas, was besonders wichtig
und bedeutsam war? – – – – – – – – –

Und nun werden wir langsam wieder älter. – – – – – – – – – –
Wir erleben unsere Schulzeit, – – – – – – – – – – lassen sie los, –
– – – – – – – – – gehen langsam weiter in unserer Ausbildungs-
zeit, – – – – – – – – – lassen sie los, – – – – – – – – – beginnen
mit unserer Arbeit im Kindergarten – – – – – – – – – – und kommen ganz langsam zurück in die Gegenwart. – – – – – – – – – –

Langsam nähern wir uns wieder dem heutigen Tag. – – – – – – –
– – – Wenn jede/r soweit ist, öffnet die Augen und seid wieder
im „Hier und Jetzt".

Im Anschluß an die Meditation können Kleingruppen zu den
folgenden Fragestellungen arbeiten:
- Welche Spiele waren in Ihrer eigenen Kindheit besonders beliebt?
- Versuchen Sie, sich an Gedanken und Gefühle zu erinnern,
  die sie damals hatten.

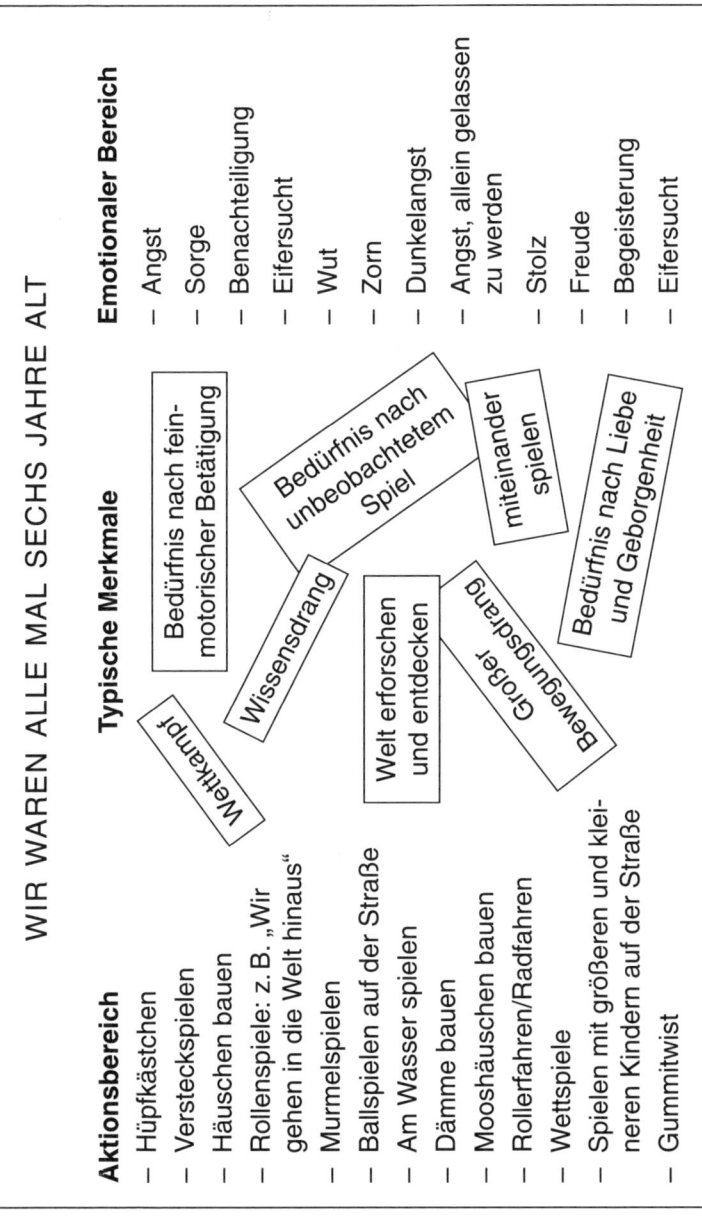

WIR WAREN ALLE MAL SECHS JAHRE ALT

Aktionsbereich

- Hüpfkästchen
- Versteckspielen
- Häuschen bauen
- Rollenspiele: z.B. „Wir gehen in die Welt hinaus"
- Murmelspielen
- Ballspielen auf der Straße
- Am Wasser spielen
- Dämme bauen
- Mooshäuschen bauen
- Rollerfahren/Radfahren
- Wettspiele
- Spielen mit größeren und kleineren Kindern auf der Straße
- Gummitwist

Typische Merkmale

- Bedürfnis nach feinmotorischer Betätigung
- Bedürfnis nach unbeobachtetem Spiel
- Wissensdrang
- Wettkampf
- Welt erforschen und entdecken
- Großer Bewegungsdrang
- miteinander spielen
- Bedürfnis nach Liebe und Geborgenheit

Emotionaler Bereich

- Angst
- Sorge
- Benachteiligung
- Eifersucht
- Wut
- Zorn
- Dunkelangst
- Angst, allein gelassen zu werden
- Stolz
- Freude
- Begeisterung
- Eifersucht

2.2 Bedürfnisse der Sechsjährigen erkennen und verstehen

Das vorangegangene Schaubild steht als Ergebnis stellvertretend für viele Gruppenarbeiten von Erzieherinnen, die nach der Meditation entstanden sind und in dem sich viele Leserinnen und Leser mit großer Wahrscheinlichkeit mit ihren eigenen Erinnerungen an ihre Kindheit wiederfinden können. Auf der linken Seite ist unter dem Begriff „Aktionsbereich" alles gesammelt, was wir als Kinder häufig und gerne gemacht haben. Auf der rechten Seite sind unter dem Begriff „emotionaler Bereich" alle Gefühle und Gedanken festgehalten, an die wir uns in der Kindheit erinnern konnten.

In der Mitte wurden vor dem Hintergrund des „Aktionsbereiches" und des „emotionalen Bereiches" die Merkmale herausgearbeitet, die für die Altersgruppe der Sechsjährigen typisch sind.

Das Bedürfnis, miteinander zu spielen

Wenn Erzieherinnen sich an ihre eigenen Aktivitäten als Kinder im Alter von etwa sechs Jahren erinnern, sprechen sie alle fast ausschließlich in der Wir-Form. WIR haben mit den Kindern auf der Straße gespielt, bei UNS waren die Spiele mit Murmeln und die Hüpfkästchen besonders beliebt, WIR sind zusammen in den Wald gegangen, WIR haben hinter dem Haus immer Versteck gespielt usw. Das Bedürfnis nach Gemeinsamkeit mit anderen Kindern und der Wunsch nach gemeinsamen Spielen wächst mit zunehmendem Alter der Kinder. Es gibt viele Erzieherinnen, die selbst nie den Kindergarten besucht, aber trotzdem nichts vermißt haben, weil in der Nachbarschaft den ganzen Tag über Kinder da waren, mit denen sie ungestört spielen konnten.

Während die Dreijährigen im Kindergarten noch oft friedlich nebeneinander spielen, genügt dies den Sechsjährigen nicht mehr. Sie brauchen sich gegenseitig, um zusammen Spaß zu haben, sich etwas auszudenken und gemeinsam durchzuführen.

In dieser Zeit entwickeln sich auch erste Freundschaften, die sich manchmal bis in die Schulzeit und darüber hinaus erhalten. Allerdings ist die Fluktuation bei den Freundschaften in diesem Alter ziemlich groß ist. Freunde wechseln öfter, und aus Freundschaft kann schnell Feindschaft werden. Auch ein flüchtiges Sich-Kennenlernen kann durchaus als Freundschaft angesehen werden. Vom fünften Lebensjahr an bis zur Pubertät lassen sich häufig solche Wechsel in den Freundschaften erkennen.

Das Bedürfnis nach unbeobachtetem Spiel

Kinder in diesem Alter wollen nicht immer nur unter den Augen der Erwachsenen spielen. Für sie ist es wichtig, sich auch zurückziehen zu können, ohne bei ihrem Tun beobachtet zu werden. Viele Erzieherinnen berichten von Häuschen, die sie sich als Kinder gerne gebaut haben, um sich vor den Blicken der Erwachsenen abzuschirmen und „eigene Welten" zu schaffen. Es wurden Decken über Tische gelegt, oder es entstanden Häuschen hinter Büschen, Mauern und Hecken. Auch im Kindergarten ist oft zu beobachten, daß sich die Sechsjährigen hinter Büschen und Hecken verbergen, um dort gemeinsam Pläne zu schmieden oder nur einmal in aller Ruhe zusammenzusitzen, ohne daß andere sie dabei stören. Zitat eines Sechsjährigen: „Die Erzieherinnen sollen nicht immer alles sehen. Wir wollen auch mal unsere Ruhe haben."

Das Bedürfnis, die Welt zu erforschen und zu entdecken

Viele Erzieherinnen berichten davon, wie sie als Kinder in Bächen gespielt haben, Wasser eingedämmt und umgeleitet haben, Schiffchen unter selbstgebauten Brücken hindurchschwimmen ließen und nachgeschaut haben, ob sie auf der anderen Seite wieder herauskamen.

Manche Erzieherinnen erzählen, daß sie in diesem Alter Kaulquappen gefangen und Frösche aufgeblasen haben. Manche erinnern sich auch daran, daß sie Regenwürmer durchgeschnitten und zugeschaut haben, wie beide Hälften unabhängig voneinander weitergekrochen sind. Die Neugier der Kinder kennt keine Grenzen, und die Tierversuche sind von den Kindern nicht als Tierquälerei gemeint, sondern in Wirklichkeit Ausdruck ihrer Neugierde und Experimentierfreude.

Erzieherinnen betonen dabei, wie wichtig ihnen die Eigenständigkeit war und das Bedürfnis, selbst etwas auszuprobieren, ohne dabei von den Erwachsenen angeleitet und in irgendeine Richtung gedrängt zu werden. Auch das Erlebnis der Gemeinschaft bei gemeinsamen Aktionen ist vielen Erzieherinnen noch gut im Gedächtnis.

Viele erinnern sich an Rollenspiele, die stundenlang zu verschiedensten Themenbereichen gespielt wurden. Auch Rollenspiele sind Ausdruck des Bedürfnisses, die Welt der Erwachsenen kennenzulernen und im Spiel zu entdecken. Sie helfen Kindern, in die Welt der Erwachsenen spielerisch hineinzuwachsen.

Das Bedürfnis, mehr zu wissen und zu erfahren

Viele von uns erinnern sich, daß sie etwa im Alter von 6 Jahren den Erwachsenen Löcher in den Bauch gefragt haben und ihnen manchmal sogar lästig geworden sind. Die Erzieherinnen berichten, daß auch ihnen von den Sechsjährigen manchmal Fragen gestellt werden, die sie selbst nur mit Hilfe eines Lexikons beantworten können. Die Kinder haben mittlerweile einen beträchtlichen Wortschatz, sind in der Lage, Zusammenhänge herzustellen und so tiefer gehende Fragen zu stellen, die keineswegs immer ganz einfach zu beantworten sind. Zum Ende der Kindergartenzeit hin hat das Kind ein immer größeres Interesse daran, Zusammenhänge zu verstehen und Fragen nach dem „Wie" und „Warum" nachzugehen. Das Kind ist wissensdurstig und informationshungrig und hat das Bedürfnis, immer mehr zu erfahren.

Der Umgang mit technischen Geräten fällt Kindern im allgemeinen leicht, weil sie ganz selbstverständlich damit aufwachsen. Ein Telefon zum Beispiel ist heute nichts besonderes mehr, und auch ein Anrufbeantworter wird von Kindern ohne Scheu bedient. Wo Erwachsene sich oft nur schwer umstellen können, haben Kinder sich schon mühelos mit der Technik vertraut gemacht, wenn sie die Möglichkeit dazu erhalten.

Das Kind interessiert sich auch zunehmend für das Lesen und Schreiben. Viele Kinder sind sehr stolz darauf, wenn sie ihren Namen schon vor der Schule richtig schreiben können. Das sechsjährige Kind druckt seinen Namen in großen unregelmäßigen Buchstaben, die zum Ende des Namens hin immer größer werden. Oftmals werden Buchstaben umgedreht, was besonders oft beim großen „S" der Fall ist.

Das Bedürfnis nach Bewegung und Wettkampf

Fast alle Spiele, an die sich Erzieherinnen aus ihrer eigenen Kindheit erinnern, sind Spiele, bei denen sie sich körperlich bewegen mußten. Körperliche Bewegung ist für Kinder dieser Altersgruppe zunehmend wichtig und notwendig. Kinder wollen rennen, toben und sich körperlich ausleben. Dazu gehört auch, daß sie sich untereinander messen, um festzustellen, wer größer, stärker, schneller oder geschickter ist. Im Alter von sechs Jahren ist der Sinn für Wettkampf und Konkurrenz gut entwickelt.

Kinder im Vorschulalter brauchen ein immer größeres Betätigungsfeld zur Befriedigung ihrer motorischen Bedürfnisse. Sie haben Spaß an schnellem Ortswechsel; Rollschuhe, Roller- und Fahrradfahren gewinnen zunehmend an Bedeutung. Viele Erzieherinnen erinnern sich an ihre Roller, Rädchen oder die ersten Rollschuhe, die sie in der Kindheit besessen haben als etwas sehr Beglückendes und Schönes.

Sechsjährige, die heute die Möglichkeit haben, mit dem Fahrrad in den Kindergarten zu fahren, sind auf diesen neuen Freiraum sehr stolz. Auch Ballspiele aller Art sind den meisten von uns Erwachsenen noch gut in Erinnerung. Sie wurden häufig auf der Straße zusammen mit älteren Kindern gespielt. Besonders bei den Sechsjährigen sind sie sehr beliebt, da es den Kindern in diesem Alter zum ersten Mal gelingt, den Ball zu fangen und anderen so zuzuwerfen, daß sie ihn auch fangen können. Diese Fähigkeit ist bei jüngeren Kindern noch nicht ausgebildet, wobei auch hier individuelle Unterschiede zu berücksichtigen sind.

Das Bedürfnis nach feinmotorischer Betätigung

Viele Erwachsene erinnern sich bei der Auswertung daran, daß sie bei Regenwetter auch gerne zu Hause gebastelt oder gemalt haben. In der Feinmotorik hat das Kind ein immer größeres Bedürfnis, sich zu vervollkommnen. Es wird ihm zunehmend möglich, Buntstifte und Bleistifte zu halten und zu benutzen, es gewinnt immer größere Fähigkeiten im handwerklichen Bereich. Der Umgang mit Hammer, Zange und anderem Werkzeug gewinnt zunehmend an Bedeutung.

Hintergrund all dieser Bestrebungen ist das Bedürfnis, seinen eigenen Körper zu beherrschen. Sechsjährige sind glücklich über Erfolgserlebnisse und stolz darauf, ihre Bewegungen gut zu steuern und zu koordinieren.

Das Bedürfnis nach Liebe und Geborgenheit

Das Bedürfnis nach Liebe und Geborgenheit ist ein Bedürfnis, an das sich viele Erzieherinnen noch gut erinnern können.

In diesem Zusammenhang entstehen Bilder von gemeinsamen Ausflügen mit den Eltern, von Krankheitsphasen, in denen die Erwachsenen für die Kinder gesorgt haben, von gemütlichen Vorlesestündchen an regnerischen Nachmittagen oder von dem Lied am Bett vor dem Einschlafen.

Erwachsene, die als Kinder solche Erfahrungen machen konnten, wissen aus eigener Erfahrung, daß Kinder existentiell das Gefühl brauchen, anerkannt und geliebt zu werden, damit sie von diesem sicheren Boden aus die Welt erforschen und so selbständig werden können.

Viele Erwachsene erinnern sich jedoch auch an schmerzliche Erfahrungen und Gefühle ihrer Kindheit und berichten zum Beispiel, daß sie sich in Bezug auf andere Geschwisterkinder häufig zurückgesetzt fühlten, daß es zu Eifersucht und starken Rivalitäten unter den Geschwistern kam. Auch Zorn und Ärger sind Gefühle, die bei vielen noch sehr gut im Gedächtnis sind. „Warum bekommt immer die große Schwester die neuen Kleider und man selbst muß die alten Sachen auftragen? Warum bekommen eigentlich immer die jüngeren Geschwister recht, nur weil sie kleiner sind? In Wirklichkeit verstehen sie es ja nur, sich bei den Erwachsenen einzuschmeicheln und den tatsächlichen Hergang möglicher Streitereien zu verschleiern."

Manche Erzieherinnen erinnern sich auch an Sätze, die ihnen als Kind immer wieder gesagt wurden und durch die sie sich abgewertet gefühlt haben. So erzählt eine Erzieherin, daß sie immer als das „Schusselieschen" bezeichnet wurde, obwohl sie sich immer die größte Mühe gegeben hatte, alles ordentlich zu machen.

Ebenso erwachen Erinnerungen an massive Ängste, die sie als Kinder in diesem Alter hatten. Dazu gehören besonders die Angst im Dunkeln und der Wunsch, nicht allein im dunklen Zimmer bei verschlossener Tür bleiben zu wollen. Manche können sich auch an Angstträume erinnern, bei denen Ungeheuer und Gruselwesen auftraten. Solche Ängste treten in diesem Alter häufig auf und vergehen später wieder, wenn die Phase durchlebt ist.[10]

Erzieherinnen, die den Krieg als Kinder in diesem Alter miterlebt haben, erinnern sich an schwere Existenzängste, die sich auch heute noch immer aktualisieren, wenn beispielsweise Sirenen heulen oder Flugzeuge besonders tief fliegen. An diesen Erinnerungen wird deutlich, wie prägend die Gefühle der Kindheit auch noch für den erwachsenen Menschen sind.

---

[10] vgl. Remplein, 1971, S. 298

3 Die pädagogische Arbeit im Kindergarten im gesellschaftlichen und familiären Kontext

Im vergangenen Kapitel wurde versucht, die Leserinnen und Leser ein Stück weit in die eigene Kindheit zurückzuführen und mit Hilfe eigener Erinnerungen und psychologischer Erkenntnisse den Entwicklungsstand der Kinder näher zu beschreiben. Die vorangegangenen Ausführungen haben Aufschluß darüber gegeben, wie Kinder in dieser Altersgruppe sind, was sie gerne tun, wie sich ihre Fähigkeiten entwickeln, welche Bedürfnisse und Interessen sie haben.

Die Kenntnis über den Entwicklungsstand der Sechsjährigen und ihrer altersbedingten Möglichkeiten stellen eine wichtige Grundlage für die pädagogische Arbeit mit den Kindern dieser Altersgruppe dar. Die Entwicklungspsychologie kann uns helfen, die Kinder in ihrer besonderen Entwicklungsphase besser zu verstehen und zu unterstützen.

Heute ist es jedoch keine Selbstverständlichkeit mehr, daß Kinder in ihrem Alltag Bedingungen vorfinden, die es ihnen ermöglichen, ihre altersgemäßen Wünsche und Bedürfnisse zu realisieren und ihre Fähigkeiten zu erproben. Die Altersgruppe der Sechsjährigen ist davon mehr als die anderen Altersgruppen im Kindergarten betroffen, weil die Kinder, wie in Kapitel 2 beschrieben, im Verhältnis zu den Kleineren wesentlich mehr Eigenständigkeit und Freiräume brauchen, um „sich auszuprobieren" und sich mit der Welt auseinanderzusetzen, Neues kennenzulernen und neue Erfahrungen zu sammeln. Vergleicht man die heutige familiäre und gesellschaftliche Situation vieler Kinder mit ihren oben beschriebenen Bedürfnissen, so wird deutlich, wie schwer es viele Kinder heute haben, ihren Bedürfnissen entsprechend zu leben und sich zu entwickeln.

In den letzten Jahren hat sich ein starker Wandel in der Gesellschaft und in den einzelnen Familien vollzogen. Während es früher eher selbstverständlich war, daß Kinder in der Nachbarschaft genügend Spielkameradinnen und -kameraden hatten, ist dies heute nicht mehr überall eine Selbstverständlichkeit. Viele Eltern sind vor Beginn der Kindergartenzeit auf Spielgruppen angewiesen, um ihren Kindern Kontakte zu anderen Kindern zu ermöglichen und selbst Kontakte zu anderen Eltern zu knüpfen. Weite Anfahrtswege müssen dafür oftmals in Kauf genommen werden.

Die Straßen sind wegen des großen Verkehrs nicht mehr als Spielräume geeignet. Spielplätze sind für die Kinder allein oft nicht erreichbar, und Möglichkeiten, die Natur in unmittelbarer Nähe auf eigene Faust zu erkunden, sind besonders für Kinder in der Stadt spontan nicht mehr gegeben.

Zunehmend leben mehr Familien nicht mehr in der traditionellen Form zusammen als Ehepaar mit Kindern. Es gibt immer mehr alleinerziehende Mütter und Väter, die darauf angewiesen sind, ihren Lebensunterhalt für sich und die Kinder zu verdienen. Durch die Berufstätigkeit beider Elternteile sind die Kinder vielfach in einen Zeitplan eingebunden, der sich an den Bedürfnissen der Erwachsenen, an den Erfordernissen des beruflichen Alltags und der Organisation des Haushalts orientiert. Die Kinder werden dadurch in ihrem eigenen Rhythmus häufig unterbrochen und müssen ihre Bedürfnisse den Zwängen des Erwachsenenlebens oder den Bedürfnissen der Erwachsenen unterordnen. So müssen Kinder beispielsweise morgens mit den Eltern aufstehen und früh in den Kindergarten gebracht werden, damit die Eltern pünktlich an ihrem Arbeitsplatz sein können. Das schlechte Gewissen wird häufig durch Geschenke beruhigt, die aber nicht ersetzen können, was die Kinder an emotionaler Zuwendung, Zeit und Möglichkeiten zur Entfaltung ihrer altersgemäßen Wünsche, Bedürfnisse und Fähigkeiten nötig hätten. So wachsen viele Kinder einerseits mit einem Übermaß an materiellen Gütern und andererseits mit einem Mangel an persönlicher Zuwendung, altersgemäßen Entwicklungsmöglichkeiten und kindgemäßen Freiräumen auf. Erzieherinnen berichten in Fortbildungskursen von mit Spielzeug überfüllten Kinderzimmern, von Fernsehern, Videorecordern und Computerspielen. Das Fernsehen ist für viele Kinder zum festen Bestandteil des Tagesablaufs geworden, und so kommt es oft vor, daß sich Kinder durch das Fernsehen in Afrika oder Australien besser auskennen als ein paar Straßen weiter, weil das Erkunden der unmittelbaren Umgebung viel zu gefährlich geworden ist. Elektronische Medien treten oft an die Stelle unmittelbarer Kontakte und Erfahrungen.

Erzieherinnen berichten in den Fortbildungsveranstaltungen immer wieder, wie sehr besonders die Zeit der Sechsjährigen durch die verschiedensten Kurse und Angebote außerhalb des Kindergartens am Nachmittag verplant ist. Nichtberufstätige Mütter legen häufig großen Wert darauf, die Sechsjährigen im Hinblick auf den bevorstehenden Schuleintritt in den unterschiedlichsten Bereichen zu fördern. So entsteht für Kinder bereits vor der Schule ein richtiger Stundenplan, der gefüllt wird mit dem Kindergarten am Vormittag, Ballettstunden, Schwimmkursen, Fußball im Verein, musikalischer Früherziehung, dem Erlernen mehrerer Instrumente, Kinderturnen am Nachmittag, um nur einige der Aktivitäten aufzuzählen. Viele Mütter erbringen einen hohen Einsatz in Bezug auf Zeit, Geld und Stress, der durch die zum Teil sehr weiten Anfahrtswege mit solchen Aktionen verbunden ist.

So werden dem Bedürfnis der Kinder nach gemeinsamem Spiel, ihrer Neugier und Experimentierfreude von vornherein durch die äußeren Bedingungen Grenzen gesetzt. Auch der große Bewegungsdrang bleibt durch beengte Wohnverhältnisse und das zunehmend große Verkehrsaufkommen auf der Straße häufig unbefriedigt. Der Wunsch, die Welt kennenzulernen und auf eigene Faust Neues zu entdecken, ist für Kinder in der Stadt nahezu unerfüllbar. Dies ist besonders schmerzlich für die Sechsjährigen. Einerseits interessieren sie sich entwicklungsgemäß zunehmend für die Welt und wollen Zusammenhänge erkennen, andererseits sind sie aber auch noch zu klein, um sich all den Gefahren auszusetzen, die mit einem selbständigen Erkunden der Umgebung verbunden wären. So sind sie auf Spielplätze angewiesen, die jedoch in vielen Fällen so wenig ansprechend gestaltet sind, daß sie kaum zur Kreativität anregen und wenig Möglichkeiten zum unbeobachteten, eigenständigen Spiel bieten.

Das Eingebundensein in die Zeitpläne der Erwachsenen und das Eingebundensein in Stundenpläne, die Erwachsene für das

Kind aufgestellt haben, verhindern, daß Kinder sich spontan treffen, auch wenn es die Umgebung in dem Wohngebiet durchaus zulassen würde und keine gefährlichen Straßen überquert werden müssen, um sich gegenseitig zu besuchen.

Durch die Verplanung der Zeit wird das spontane und eigenständige Spiel der Kinder unterbrochen bzw. verhindert.

Auch das Bedürfnis nach emotionaler Zuwendung und Geborgenheit bleibt für viele Kinder weitgehend unbefriedigt. In aller Geschäftigkeit, die mit der Organisation des alltäglichen Lebens verbunden ist, bleibt den Eltern nur wenig Raum, um auf die Gefühle der Kinder zu achten, ihnen zuzuhören und auf sie einzugehen. Erzieherinnen berichten in unseren Seminaren immer häufiger davon, daß die Kinder ein großes Bedürfnis nach körperlicher Nähe und Zuwendung im Kindergarten zeigen. Sie suchen die Nähe der Erzieherinnen, wollen kuscheln und sich ganz nah bei ihnen aufhalten.

3.1 Der Kindergarten als Ergänzung zum Elternhaus

Um Kinder individuell zu fördern und auf sie einzugehen, ist ein guter und vertrauensvoller Kontakt zu den Eltern wichtig.

Die Elternarbeit und der Kontakt zu den Eltern können den Erzieherinnen wichtige Anhaltspunkte dafür geben, wie das Leben der Kinder außerhalb der Kindergartenzeiten gestaltet ist. Insofern kann es keine einheitliche Beschreibung für die Arbeit mit den sechsjährigen Kindern geben, die auf alle Kinder gleich übertragbar wäre und unbesehen übernommen werden könnte. So brauchen manche Kinder im Kindergarten mehr Freiräume, wenn sie beispielsweise zu Hause sehr verplant sind und andere Kinder mehr Anleitung und Angebote von seiten der Erzieherinnen, wenn sie zu Hause wenig Anregungen erhalten. Für die Planung der pädagogischen Arbeit ist es deshalb immer wichtig, auf das einzelne Kind zu schauen, seine Lebenssituation außerhalb des Kindergartens kennenzulernen und zu überlegen, wie das Kind sinnvoll in seiner Entwicklung unterstützt werden kann.

Im folgenden Abschnitt soll exemplarisch an Hand von konkreten und typischen Fallbeispielen aus dem Kindergartenalltag überlegt werden, welche Konsequenzen sich für die pädagogische Arbeit im Kindergarten vor dem Hintergrund kindlicher Bedürfnisse und der realen Lebenssituation von Kindern ergeben können.

Vielleicht ist diese Vorgehensweise eine Anregung für die Leserinnen und Leser, auch in der eigenen Einrichtung einmal ganz individuell auf die Kinder in der Gruppe zu schauen und sich die pädagogischen Konsequenzen im Hinblick auf die konkrete Arbeit zu überlegen.

3.2 Die Lebenssituation von Peter

Peter ist sechs Jahre alt und besucht seit dreieinhalb Jahren den Kindergarten. Er lebt zusammen mit seinen Eltern und seinen beiden jüngeren Geschwistern in einer Wohnung in der Stadt. Die beiden Geschwister sind vier und zweieinhalb Jahre alt. Frau S., die Mutter von Peter, arbeitet halbtags als Verkäuferin, Herr S. ist Angestellter in einer Firma. Der vier Jahre alte Bruder besucht ebenfalls den Kindergarten, die kleine Schwester wird vormittags von der Oma betreut. Da Frau S. schon um acht Uhr morgens im Geschäft sein muß, bringt sie zuerst gegen viertel nach sieben die kleine Schwester zur Oma, anschließend fährt sie die beiden Jungen in den Kindergarten.

Mittags holt sie die Kinder dann alle wieder ab und kocht schnell das Mittagessen. Peter ist am Nachmittag öfter damit beschäftigt, auf die kleine Schwester aufzupassen, wenn die Mutter mal schnell etwas besorgen will. Die Wohnung ist relativ klein, und Peter teilt sich sein Zimmer mit dem jüngeren Bruder. Es gibt häufiger Streit wegen der kleinen Schwester, weil sie manchmal kaputt macht, was die beiden Jungen aufbauen. Ruhe kommt in der Familie am Nachmittag auf, wenn die Kinderstunde im Fernsehen anfängt. Da hält selbst die kleine Schwester mal Ruhe.

Die Spielmöglichkeiten vor dem Haus sind sehr gering, weil in der in unmittelbarer Nähe eine stark befahrene Straße ent-

lang führt. Früher ist Frau S. immer mit Peter in eine Spielgruppe gegangen, weil in der näheren Nachbarschaft keine
Kinder in seinem Alter lebten und sie in der Spielgruppe selbst
ebenfalls Kontakt zu anderen Müttern aufnehmen konnte.
Aber seit die anderen Kinder da sind, ist Frau S. nicht mehr in
der Lage, sich so individuell um die Bedürfnisse des einzelnen
Kindes zu kümmern, zumal auch die Arbeit im Haushalt durch
die drei Kinder wesentlich mehr geworden ist.

An den Kindergarten haben die Eltern keine Erwartungen.
Sie sind froh, daß die beiden Jungen einen Kindergartenplatz
haben.

Folgerungen für die pädagogische Arbeit im Kindergarten

Während sich Peters Mutter, als er noch kleiner war, intensiv
um ihn kümmern konnte, ist sie jetzt vollauf mit ihrem Beruf,
den Verpflichtungen im Haushalt und den damit verbundenen
organisatorischen Notwendigkeiten beschäftigt.

Für Peter bleibt jetzt nur noch sehr wenig Zeit. Vom Vater
ist in diesem Beispiel nur kurz die Rede. Aber auch dies entspricht der Realität, denn noch immer liegt in den meisten Familien die Hauptverantwortung für die Kindererziehung und
die Bewältigung des Haushaltes in den Händen der Frauen.
Peter hat also wenig von seinen Eltern und muß außerdem
noch oft die Verantwortung für die kleine Schwester übernehmen, wenn die Mutter einmal die Hände zum Einkaufen frei
haben will. An ein ungestörtes Spiel zu Hause ist nicht zu denken, weil die kleine Schwester oft stört, z. B. Selbstgebautes
wieder kaputt macht. In dieser Situation bekommt Peter nur
sehr wenig an Anerkennung und Zuwendung, muß aber selbst
viel geben, viel Verantwortung tragen und viel Verständnis für
die Situation in der Familie aufbringen. Vergleicht man die in
Kapitel 1 beschriebenen Bedürfnisse der Sechsjährigen mit der
Lebenssituation von Peter, so wird klar, daß er nur wenig Gelegenheit hat, seine Wünsche zu verwirklichen oder einen Teil
seiner Bedürfnisse zu befriedigen. Zeit zum ungestörten und
unbeobachteten Spiel bleibt ihm so gut wie nicht, weil er einerseits in den allgemeinen Zeitplan der Familie fest eingebunden
ist, es andererseits die räumlichen Bedingungen in der engen

Wohnung nicht zulassen, daß er sich im Spiel entfalten kann. Freunde im gleichen Alter gibt es nicht, mit denen er zusammen seine Umgebung erkunden könnte. Ein gefahrloses Kennenlernen der unmittelbaren Umgebung wäre wegen der befahrenen Straße auch überhaupt nicht möglich. In der Familie herrscht ständige Hektik, und der Fernseher als Ruhepunkt am Nachmittag ist fester Bestandteil des Familienlebens. Neugier und Experimentierfreude des Sechsjährigen finden in dieser Lebenssituation so gut wie keinen Boden.

Nachdem der Tag für Peter schon sehr früh in aller damit verbundenen Hektik beginnt, ist es wichtig, im Kindergarten besonders auf diese frühe Phase im Kindergartenalltag zu achten. Einige Kinder sind oft noch sehr verschlafen, wenn sie in den Kindergarten kommen und wollen sich gerne in eine Kuschelecke zurückziehen, um es sich noch ein wenig gemütlich zu machen. Andere Kinder haben zunächst das Bedürfnis zu frühstücken, weil dafür die Zeit zu Hause meistens zu knapp ist. Manche Kinder sind auch schon gleich am frühen Morgen sehr aufgedreht und reagieren sich auf diese Weise ab. Diese erste Phase im Kindergarten ist sehr wichtig für die Kinder und verdient deshalb auch besondere Aufmerksamkeit von seiten der Erzieherinnen. Wichtig ist in jedem Fall, daß sich die Kinder von den Erzieherinnen gerade auch zu dieser frühen Tageszeit gesehen und angenommen fühlen können. Denn wie in dem Fallbeispiel beschrieben, haben manche Kinder schon viel Stress und Hektik hinter sich, bevor sie überhaupt in die Einrichtung kommen.

Wenn wir daran denken, wie wenig Zeit und Möglichkeiten Peter zu Hause hat, um mit anderen Kindern außerhalb der Familie zu spielen, kristallisiert sich als pädagogische Konsequenz in diesem Fall heraus, daß Peter im Kindergarten viel Zeit und Gelegenheit haben sollte, gemeinsam mit anderen Kindern zu spielen, ohne dabei allzu oft unterbrochen zu werden. Besonders wichtig für ihn ist dabei das Spiel im Freien, damit er seinen Bewegungsdrang im Kindergarten ausleben kann. Darüber hinaus kann und muß dem Bedürfnis nach unbeobachtetem Spiel im Kindergarten Rechnung getragen werden, auch wenn Peter hier möglicherweise einige Hilfestellungen von der Erzieherin braucht, da er Freiräume ja überhaupt nicht gewöhnt ist. Wichtig ist weiterhin, daß Peter öfter die Gelegenheit bekommt, sich zurückzuziehen und etwas allein für sich zu machen. Dies ist zu Hause nicht möglich, weil er sich sein Zimmer mit dem jüngeren Bruder teilen muß und die Schwester beider Spiel immer wieder stört.

In Bezug auf die Übernahme von Verantwortung im Kindergarten ist es wichtig, nicht zu viel von Peter zu erwarten, sondern ihn eher aus der Verantwortung zu entlassen. Immerhin ist er zu Hause oft genug verantwortlich für die kleine Schwester und kann selbst zu wenig Kind sein und seinem Alter entsprechend leben.

3.3 Die Lebenssituation von Jessica

Jessica ist sechseinhalb Jahre und besucht seit zwei Jahren den Kindergarten. Die Familie lebt in einem Einfamilienhaus am Stadtrand. Jessica hat keine Geschwister. Die Eltern besitzen ein Schreibwarengeschäft in der Stadt. Jessicas Mutter hilft gelegentlich im Geschäft, sieht ihre Hauptaufgabe jedoch in der Erziehung von Jessica. Sie ist sehr darum bemüht, Jessica in jeder Hinsicht zu fördern. So besucht Jessica neben dem Kindergarten an einem Nachmittag in der Woche den Kurs „Musikalische Früherziehung" am Konservatorium. An zwei anderen Nachmittagen ist sie in der Schwimmschule angemeldet, damit sie beim Eintritt in die Schule schwimmen kann. Manchmal spielt sie auch mit den anderen Kindern, die ebenfalls in der Straße wohnen. Aber viel Zeit bleibt nicht dafür, weil die anderen auch häufig etwas anderes vorhaben oder ihr Spiel unterbrechen müssen, da ein bestimmter Termin eingehalten werden muß. Frau M. gibt sich große Mühe mit der Erziehung von Jessica und ist oft selbst sehr gestreßt, weil die verschiedenen Termine es erfordern, daß sie Jessica mit dem Auto fahren muß. Denn allein kann sie ihre Tochter noch nicht in die Stadt lassen.

An den Kindergarten hat Frau M. die Erwartung, daß Jessica dort gefördert wird und auch öfter mal etwas Gebasteltes oder Gemaltes nach Hause mitbringt. Es fällt ihr schwer, den Wert des Kindergartens zu erkennen, wenn nicht nachweisbare Leistungen vorgezeigt werden.

Folgerungen für die pädagogische Arbeit im Kindergarten

Im Gegensatz zu Peters Mutter hat die Mutter von Jessica viel Zeit, sich um ihre Tochter zu kümmern. Sie tut alles, um ihre Tochter zu fördern und bringt dafür sehr viel persönlichen Einsatz.

Betrachtet man aber die Lebenssituation von Jessica und vergleicht sie mit den Bedürfnissen, die für sechsjährige Kinder typisch ist, so wird deutlich, daß auch Jessica vieles entgeht, was für ihr Alter an Aktivitäten wichtig und notwendig wäre.

Jessica hat so gut wie überhaupt keine Zeit, mit anderen Kindern ungestört zu spielen, weil sie durch die verschiedenen Kurse am Nachmittag ständig wieder unterbrochen wird. Ihr Leben außerhalb des Kindergartens verläuft immer unter den Augen ihrer Mutter, die alles für Jessica organisiert und festlegt. Auch für die Entfaltung von Neugier und Experimentierfreude ist in Jessicas Leben wenig Raum. Die Schwimmkurse am Nachmittag kommen zwar ihrem altersgemäßen Bewegungsdrang der Kinder entgegen, lassen aber keinen Raum für Kreativität und Eigenständigkeit.

Erzieherinnen berichten, daß viele Kinder, die die Einrichtung besuchen, am Nachmittag so verplant sind wie Jessica. Die Mütter werden häufig zu Managerinnen in Bezug auf die Terminplanung ihrer Kinder.

Kinder, die mit diesem Hintergrund aufwachsen, können in verschiedener Hinsicht in große Schwierigkeiten kommen. Da sie nur sehr selten die Gelegenheit haben, ohne Anleitung der Erwachsenen ihre Zeit zu gestalten, sind sie im Kindergarten vielfach darauf angewiesen, daß andere ihnen sagen, was sie tun oder lassen sollen. Sie zeigen oft wenig eigene Initiative und warten, daß von außen etwas geschieht, was sie aus ihrer Passivität befreien kann.

Viele Eltern meinen es gut mit ihren Kindern, wenn sie ihnen alle Wege zu öffnen versuchen und keine Chance auslassen, um ihren Kindern etwas zu bieten, um sie so gut wie möglich zu fördern. Sie lieben ihre Kinder und wollen ihnen den Start ins

Leben so leicht wie möglich machen. Die Gefahr für die Kinder liegt jedoch darin, daß sie zu der Überzeugung kommen können, für die Eltern nur dann wertvoll zu sein und nur dann von ihnen akzeptiert und geliebt zu werden, wenn sie die erwarteten Leistungen auch erbringen. Es kann die Vorstellung entstehen, daß ihr persönlicher Wert abhängig ist von ihren Leistungen. Verfestigt sich diese Überzeugung, wird sie, wenn keine Korrekturerfahrungen erfolgen, möglicherweise bestimmend für das ganze weitere Leben.

Wenn wir nun der Frage nachgehen, wie im Kindergarten hilfreich auf Jessicas Situation eingewirkt werden kann, kristallisieren sich folgende Schwerpunkte heraus:

Wichtig ist, daß Jessica im Kindergarten die Erfahrung machen kann, daß sie auch dann etwas zählt und geschätzt wird, wenn sie einmal nicht perfekt ist und keine Leistungen bringt. So kann ein wichtiger Beitrag zum Aufbau eines positiven Selbstwertgefühls von Jessica erbracht werden.

Weiter ist es wichtig, daß Jessica viele Freiräume erhält, um ungestört mit den anderen Kindern zu spielen und eigene Ideen zu verwirklichen. Sie kann so die Erfahrung machen, daß ihre eigenen Ideen wichtig sind und ernst genommen werden.

Außerdem ist es speziell für Jessica bedeutsam, daß sie im Kindergarten die Möglichkeit erhält, zwischen verschiedenen Spielangeboten zu wählen, und so lernt, selbständig eigene Entscheidungen für sich zu treffen. Dies ist zu Hause nur schwer zu realisieren, da Jessicas Mutter die Organisation von Jessicas Leben weitgehend übernommen hat. In der freien Atmosphäre des Kindergartens kann Jessica viele wichtige Erfahrungen mit sich selbst machen, die ihr durch die Reglementierung von seiten ihrer Mutter nicht zugänglich wären.

Die Mutter von Jessica kann als Beispiel für viele Mütter angesehen werden, die ebenso wie sie vom Kindergarten erwarten, daß das Kind auch im Kindergarten angeleitet wird und vorzeigbare Ergebnisse nachgewiesen werden können.

In vielen Fällen kann es zu Schwierigkeiten kommen, wenn Eltern und Erzieherinnen die Erziehung der Kinder unter den verschiedenen Blickwinkeln sehen und die Eltern Erwartungen an den Kindergarten haben, die die Erzieherinnen aus pädagogischen Gründen nicht erfüllen können.

Ein Gespräch mit Jessicas Mutter kann zu einer besseren Verständigung beitragen, wenn es gelingt, auf die Mutter einzugehen, ihr aber auch gleichzeitig den Wert des selbstbestimmten und eigenständigen Tuns der Kinder nahezubringen.

Im Fall von Jessica kann es sinnvoll sein, sie ein Stück weit in die Verantwortung für kleinere Kinder in der Gruppe einzubinden. Jessica hat keine Geschwister und kann deshalb viele soziale Fähigkeiten, die Kinder zusammen mit anderen Geschwistern ganz selbstverständlich erwerben, zu Hause nicht erlernen. Insofern bietet die altersgemischte Gruppe für Jessica viele Möglichkeiten, soziale Erfahrungen zu machen und soziale Kompetenzen zu erwerben

3.4 Die Lebenssituation von Selcan

Selcan ist sechs Jahre alt und lebt seit einem Jahr mit ihren Eltern und der großen Schwester in Deutschland. Die Familie ist aus der Türkei hierher gekommen. Ihre Eltern arbeiten beide in einer Fabrik im Schichtdienst. Selcan wird deshalb fast immer von der älteren Schwester beaufsichtigt.

Die Familie spricht kaum deutsch.

Die Wohnverhältnisse sind recht beengt, d. h., die Wohnung besteht aus drei Zimmern, Küche und Toilette. Im Haus wohnen zwar noch andere Kinder, aber Selcan kann sich nicht gut mit ihnen verständigen. Seit einem halben Jahr besucht sie den Kindergarten. Die Eltern können sich nur wenig um Selcan kümmern, weil sie durch die Arbeit und den ständigen Schichtdienst sehr gefordert sind. Selcan geht mittags öfter mit der großen Schwester einkaufen und hilft bei den im Haushalt anfallenden Arbeiten. Zum Spielen bleibt ihr deshalb nur wenig Zeit. Wenn sie einmal Zeit hat, spielt sie am Liebsten mit ihren Puppen. Die Erwartungen von Selcans Eltern an den Kindergarten sind recht gering, sind doch auch sie noch dabei, sich einzuleben. Sie hoffen, daß der Kindergarten auch Selcan erleichtert sich einzuleben und sind natürlich froh, sie halbtags untergebracht zu wissen.

Folgerungen für die pädagogische Arbeit im Kindergarten

Betrachtet man die Situation, in der Selcan lebt, fällt auf, wie isoliert und allein sie den ganzen Tag ist. Sie hat noch keine Freunde in Deutschland gefunden und jede Kontaktaufnahme wird dadurch erschwert, daß sie die deutsche Sprache noch nicht beherrscht. Die Eltern haben durch die beruflichen Verpflichtungen keine Zeit, sich um Selcan zu kümmern. Es bleibt nur noch die ältere Schwester, die aber auch keinen Ersatz bietet für die fehlenden Spielkameraden. Selcan führt ein sehr einsames Leben, was sich auch darin zeigt, daß sie am liebsten mit ihren Puppen spielt und sich zurückzieht.

Für Selcan ist der Kindergarten sehr wichtig, auch wenn es ihr mit Sicherheit schwerfällt, mit Kindern und Erzieherinnen zusammen zu sein, die sie sprachlich nicht verstehen kann. Kinder verhalten sich in dieser Situation sehr unterschiedlich. Manche wollen gerne am Anfang in Ruhe gelassen werden, um zunächst einmal nur zu beobachten, andere Kinder suchen den Kontakt zu den Erzieherinnen, um dort einen Halt zu finden. Wichtig ist in jedem Fall, daß die Kinder sich im Kindergarten von der Erzieherin so angenommen fühlen können, wie sie sind. Es ist bei vielen Kindern ein hohes Maß an Einfühlungsvermögen von seiten der Erzieherin nötig, um einen Kontakt mit ihnen aufzubauen. Da die Sprache als Kommunikationsmittel nur sehr begrenzt eingesetzt werden kann, gewinnen die nichtsprachlichen Kommunikationsmittel eine besondere Bedeutung. So kann das Kind beispielsweise am Gesicht der Erzieherin erkennen, ob diese sich freut, wenn es morgens in den Kindergarten kommt oder ob es ihr egal oder gar lästig ist. Das Wissen um die Bedeutung der nichtsprachlichen Kommunikation ist besonders hilfreich, wenn die Sprache als Kommunikationsmittel wegfällt.

Ein wichtiges Ziel für Selcan ist es weiter, daß sie Kontakt zu den anderen Kindern aufbauen kann. Erzieherinnen haben im alltäglichen Gruppengeschehen viele Möglichkeiten, hier Brücken zu bauen, indem sie Selcan beispielsweise in gemeinsame Spiele integrieren und ihr Möglichkeiten geben, den anderen Kindern ihre Qualitäten und Fähigkeiten zu zeigen. Selcan braucht, ihrem Alter entsprechend, andere Kinder, mit denen sie spielen und Spaß haben kann. Die Freundschaft zu anderen Kindern kann Selcan helfen, das Leben in einem für sie fremden Kulturkreis nach und nach besser zu verstehen. Im Falle von Selcan ist zu überlegen, ob sie im Kindergarten eine spezielle Förderung besonders im Hinblick auf das Erlernen der deutschen Sprache erfahren kann. Bilderbücher und Spiele können hier gute Hilfe leisten.

Wichtig ist für Selcan, daß sie sich im Kindergarten akzeptiert und aufgehoben fühlen kann. Vielleicht gelingt es sogar, auch die Eltern in die Elternarbeit des Kindergartens einzubeziehen.

Für die anderen Kinder in der Gruppe bietet sich durch die Zugehörigkeit Selcans zu der Gruppe eine wichtige Möglichkeit des interkulturellen Lernens. Die Kinder können die Erfahrung machen, daß Selcan bei allen Unterschieden ein Kind ist, das Gefühle hat und spielen möchte – genauso wie sie selbst auch. Das, was an Selcan anders ist, verliert im Laufe der Zeit an Fremdheit und kann zu einem besseren Verständnis andersartiger Menschen beitragen. Darüber hinaus können Berichte von seiten der Erzieherinnen über die Türkei und das Leben dort besonders für die Sechsjährigen in der Gruppe von großem Interesse sein und das Wissen der Kinder erweitern. Ausländische Kinder in der Gruppe sind keine Notlösung, im Gegenteil, sie eröffnen immer eine wichtige Möglichkeit des interkulturellen Lernens.

Zusammenfassung

Wenn man alle drei Fallbeispiele betrachtet, so wird deutlich, daß jedes Kind in einer völlig anderen Lebenssituation aufwächst. Peter ist der älteste von drei Geschwistern, lebt in beengten Verhältnissen in der Stadt. Jessica ist Einzelkind, wohnt am Stadtrand und wird von der Mutter mit allen Kräften gefördert. Selcan stammt aus der Türkei und lebt sehr isoliert und allein in Deutschland; kaum jemand hat Zeit, sich um sie zu kümmern.

Die pädagogischen Überlegungen, die sich aus der Lebenssituation und den entwicklungsgemäßen Bedürfnissen der Sechsjährigen ergeben haben, setzen jedoch voraus, daß die Erzieherin gute Kontakte zu den Eltern hat und sich das Leben der Kinder außerhalb des Kindergartens vorstellen kann. Kinder brauchen von Anfang an von Eltern und Institutionen Unterstützung, damit sie sich zu stabilen Persönlichkeiten entwikkeln können, die Vertrauen in die Welt und in ihre eigenen Kräfte und Fähigkeiten haben und Spaß daran finden können, auch in der Schule Neues zu erfahren und bisher Unbekanntes zu lernen. Dies ist jedoch nur dann möglich, wenn Kinder in ihrem Kindsein mit all ihren Wünschen und Bedürfnissen ernst genommen, akzeptiert und durch kompetente und einfühlsame Erwachsene in ihrer Entwicklung begleitet und in ihrem Wert bestätigt werden.

4   Situationsorientiertes Arbeiten in der Gruppe unter besonderer Berücksichtigung der Sechsjährigen

Es leuchtet ein, daß Eltern es heute sehr schwer haben, ihren Kindern altersgemäße und entwicklungsentsprechende Lebensbedingungen zu schaffen.

Im folgenden Kapitel soll versucht werden aufzuzeigen, welche Konsequenzen sich für die pädagogische Arbeit im Kindergarten ergeben.

Wie schon an anderer Stelle gesagt, sind Eltern und Kinder zunehmend auf die Unterstützung von seiten der Institutionen angewiesen, da es, wie in Kapitel 3 dargestellt, für die einzelne Familie immer schwerer wird, die Kinder beim Hineinwachsen in unsere Gesellschaft zu begleiten.

Armin Krenz drückt dies folgendermaßen aus: „Der Erziehungsauftrag des Kindergartens besteht darin, Kindern aufgrund ihrer als zerrissen erlebten Welten, eingegrenzten Lebensräume und zerteilten Zeiten vielfältige Möglichkeiten zu bieten, gegenwärtig belastende und unverarbeitete, in der Vergangenheit liegende Erlebnisse und Erfahrungen zu verarbeiten, um gegenwärtiges Leben von sich und der Umwelt gefühlsmäßig zu begreifen und zu verstehen, Identität weiter zu entwickeln bzw. auszubauen, um künftige Lebenssituationen kompetent und in Verantwortung vor sich und anderen zu bewältigen.“[11]

Wenn wir einerseits die Kinder in ihrem Kindsein ernst nehmen wollen und gleichzeitig erkennen, wie wenig Raum ihnen häufig für die Entwicklung ihrer Persönlichkeit bleibt, so ergibt sich auch für die pädagogische Arbeit im Kindergarten, daß in der Einrichtung versucht werden muß, den Kindern die notwendigen Freiräume und Entwicklungsmöglichkeiten zu

---

[11] Krenz, ⁹1995, S. 34

verschaffen, die sie dringend brauchen, um zu gesunden und selbstbewußten Persönlichkeiten heranzureifen, die in der Lage sind, sich im späteren Leben zurechtzufinden und sich adäquat mit Leistungsanforderungen in Schule und Beruf auseinanderzusetzen. Wichtiger Bestandteil der pädagogischen Arbeit im letzten Kindergartenjahr ist es deshalb, Kindern einen sicheren Rahmen zu verschaffen, der es ihnen ermöglicht, ihre Fähigkeiten zu entwickeln und mit Lust und Freude Neues zu entdecken.

4.1 Die Situation der Sechsjährigen im Kindergarten

Bevor wir uns damit auseinandersetzen, wie im Kindergarten den entwicklungsgemäßen Wünschen und Bedürfnissen der Sechsjährigen im konkreten Kindergartenalltag Rechnung getragen werden kann, soll die Situation der Sechsjährigen in der altersgemischten Gruppe näher beleuchtet werden.

Erzieherinnen berichten in der Fortbildung immer wieder davon, daß von den Sechsjährigen im Kindergarten viel erwartet wird. Oft wird von ihnen ein sehr hohes Maß an Rücksicht den Kleineren gegenüber verlangt, weil sie ja schon „so groß" sind und es eigentlich besser wissen müßten. Sie sollen Toleranz zeigen, bei Schwierigkeiten helfen, sich untereinander sozial verhalten und die Erzieherinnen gelegentlich bei der Arbeit mit den Kleinen unterstützen. Diese Situation erleben viele Kinder genauso zu Hause. Die Kinder, die auch zu Hause die „Großen" sind, müssen oft für die jüngeren Geschwister Verantwortung übernehmen, sollen „vernünftig" sein und Rücksicht und Toleranz gegenüber den Jüngeren an den Tag legen.

Dazu kommt, daß jüngere Geschwister, ebenso wie die dreijährigen Kindergartenkinder, die Aufmerksamkeit von Eltern und Erzieherinnen weit mehr beanspruchen als die Größeren. Dies liegt zum Teil daran, daß die Kleinen im alltäglichen Leben viel mehr auf die Erwachsenen angewiesen sind. Viele Erzieherinnen sind zu Beginn des Kindergartenjahres vollauf damit beschäftigt, den neuen Kindern beim Gang auf die Toilette zu helfen, Hosen zu wechseln, Anoraks an- oder auszuziehen und Schuhe zu binden, zu trösten und den Kleinen über die erste Trennung von der Mutter hinwegzuhelfen. Eine Erzieherin: „Wir haben 10 neue Kinder in die Gruppe aufgenommen. In den ersten Tagen und Wochen ist immer ein Kind da, das morgens weint, weil die Mutter oder der Vater weggehen. Diese Kinder fordern meine ganze Aufmerksamkeit. Für die älteren Kinder ist diese Situation sehr schwer, weil ich mich um sie kaum noch kümmern kann."

Zu Beginn des Kindergartenjahres kann man beobachten, daß die Großen besonders anhänglich sind und häufiger als sonst auf den Schoß krabbeln und schmusen wollen. Zitat eines Kindes: „Habt ihr uns denn jetzt auch noch lieb, wenn die ganzen Kleinen kommen?" Besonders den Beginn des Kindergartenjahres erleben viele „Große" als sehr zwiespältig. Auf der einen Seite sind sie stolz, daß sie nun zu den Großen zählen, sicher sind und sich im Kindergarten auskennen. So bemerkte ein Junge: „Früher habe ich auch geweint, wenn die Mama weggegangen ist, jetzt weine ich nicht mehr. Ich bin ja schon groß."

Auf der anderen Seite ist da aber auch die Sorge, jetzt im Kindergarten zu kurz zu kommen und nicht mehr die Zuwendung zu erhalten, die sie sich für sich wünschen, weil die Erzieherin in der ersten Zeit sehr mit den Kleinen beschäftigt ist. So kann ein Mißverhältnis entstehen zwischen dem, was die Sechsjährigen an emotionaler Zuwendung bekommen, und dem, was auf der anderen Seite von ihnen an Rücksicht und Toleranz erwartet wird.

Es ist sehr wichtig, sich diese Problematik bewußt zu machen und zu überlegen, wie für die älteren Kinder in dieser Hinsicht ein Ausgleich geschaffen werden kann.

Dazu kommt, daß viele Kinder die Freunde vermissen, die gerade in die Schule gekommen sind und nun vor der Notwendigkeit stehen, sich neu in der Gruppe zu orientieren und andere Freunde zu suchen.

So berichtet eine Mutter: „Simon geht überhaupt nicht mehr gerne in den Kindergarten, weil Markus nicht mehr da ist."
Diese Zeit ist für die Erzieherinnen sehr anstrengend und kräftezehrend.

Zitat einer Erzieherin: „Manchmal habe ich das Gefühl, in

der Gruppe zerrissen zu werden. Ich möchte allen gerecht werden, aber ich merke, daß ich diesem Anspruch nicht immer gerecht werden kann."

Auch in Hinsicht auf die Schule steht das letzte Jahr im Kindergarten unter einem besonderen Vorzeichen. Viele Eltern setzen Kinder und Erzieherinnen unter Druck und verlangen perfekt gemalte Bilder oder vollendet ausgeführte Bastelarbeiten als Vorbereitung auf die Schule. Manche Kinder machen nun die Erfahrung, daß das, was sie selbständig produziert haben, den Erwartungen der Eltern nicht mehr genügt und sie kritisiert werden, weil sie den Perfektionsansprüchen der Erwachsenen nicht gerecht werden.

Zitat einer Mutter, als ihr Sohn ihr voller Stolz ein selbstgebautes Flugzeug aus Holz zeigte: „Ist das alles, was du heute zustande gebracht hast?"

Einstellungen dieser Art setzen sowohl Erzieherinnen als auch die Kinder unter Druck, weil die Kinder nicht die ihnen gebührende Anerkennung für ihr Tun bekommen, und die Erzieherinnen häufig das Gefühl haben, von den Eltern angegriffen zu werden und sich für ihre pädagogische Arbeit rechtfertigen zu müssen.

Für Kinder kann der Gedanke an die Schule zur Belastung werden, wenn sich damit immer wieder Perfektionsansprüche von seiten der Erwachsenen verbinden oder die Kinder von anderen Schulkindern oder bereits schulpflichtigen Geschwistern „Horrorgeschichten" über die Schule und die künftigen Lehrer erzählt bekommen. In Rollenspielen werden Lehrer von Schulkindern häufig als wahrer Kinderschreck mit Stock dargestellt.

Aus dieser Situationsbeschreibung der Sechsjährigen im Kindergarten leiten sich bestimmte Ziele für die Arbeit mit dieser Altersgruppe ab. Es ist wichtig:

- den Kindern das Gefühl zu vermitteln, daß sie nach wie vor anerkannt und geschätzt sind;
- den Kindern etwas zuzutrauen im Hinblick auf größere Eigenständigkeit und Selbständigkeit;

- den Kindern ein realistisches Bild von der Schule zu vermitteln;
- die Kinder durch eine gezielte Elternarbeit vor vorzeitigem Leistungsdruck von seiten der Eltern zu schützen und immer wieder den Wert des Spiels zu verdeutlichen;
- den Kindern durch Raumgestaltung und Materialangebot alters- und entwicklungsgemäße Bedingungen zum Spielen zu bieten;
- den Kindern in Kleingruppen alters- und entwicklungsgemäße Angebote zu machen;
- die Kinder zu Beginn des Kindergartenjahres darin zu unterstützen, neue Freunde zu finden.

4.2 Die Bedeutung des eigenständigen und ungestörten Spiels

Kerstin Ljunggren beschreibt in ihrem Buch „Besuch bei Astrid Lindgren" folgenden Wunsch von Astrid Lindgren: *„Kinder sollten mehr spielen, als viele Kinder es heutzutage tun. Denn wenn man genügend spielt, solange man klein ist, dann trägt man Schätze mit sich herum, aus denen man später sein Leben lang schöpfen kann. Dann weiß man, was es heißt, in sich eine warme, geheime Welt zu haben, die einem Kraft gibt, wenn das Leben schwer wird. Was auch geschieht, was man auch erlebt, man hat diese Welt in seinem Inneren, an die man sich halten kann."* [12]

In diesen Sätzen wird der große Wert des Spiels für die Entwicklung der Kinder und seine Bedeutung für das ganze spätere Leben der Kinder einfühlsam beschrieben.

Spielen gehört zum Wesen der Kinder, und – legt man die Gedanken Astrid Lindgrens zugrunde – Kindern wäre eine wesentliche Lebensgrundlage entzogen, wenn Erwachsene ihr Spiel begrenzen und einschränken würden.

Die Bücher Astrid Lindgrens werden von Kindern auf der ganzen Welt gelesen und geliebt, weil Kinder sich in ihnen wie-

---

[12] Ljunggren, 1994, S. 39

derfinden und sich mit ihnen identifizieren können. Astrid
Lindgren beschreibt mit leuchtenden Farben ihre reiche und
erfüllte Kindheit und läßt sie in ihren Geschichten wieder aufleben: „Ja, wir haben G E S P I E L T vom Morgen bis zum
Abend. Unermüdlich, mit Eifer und Freude."[13] Das Spiel gehört zur Kindheit und ist die wichtigste Form, sich mit sich
selbst und der Umwelt auseinanderzusetzen. Kinder, die spielen, können die Welt um sich herum vergessen, und es ist immer wieder beeindruckend zu beobachten, mit welcher Ausdauer, Hingabe und Aufmerksamkeit sich Kinder dem Spiel
widmen und darin aufgehen können. Im Spiel kehren Kinder
ihr Inneres nach außen und zeigen, was sie im Augenblick bewegt und was für sie wichtig ist. Kinder verarbeiten im Spiel
für sie wichtige Erlebnisse und Themen. So kommt es, daß Kinder besonders im Spiel sehr verletzlich sind.

Das Spiel der Kinder ist ein hoher Wert. Eine wesentliche
pädagogische Aufgabe des Kindergartens liegt deshalb darin,
das freie, selbstbestimmte Spiel der Kinder zu schützen.

Kindern gebührt Wertschätzung und Akzeptanz von seiten
der Erwachsenen für ihr Spiel, damit sie sich nicht enttäuscht
zurückziehen und nach und nach das Spielen ganz aufgeben,
um sich den Normen der Erwachsenen anzupassen.

Rollenspiele gehören zu den bevorzugten Spielen der älteren
Kindergartenkinder. Im Rollenspiel übernehmen die Kinder
die Rollen anderer Menschen. Die Rollenspiele der Sechsjährigen unterscheiden sich von den Rollenspielen kleinerer Kinder
dadurch, daß zunehmend mehr Requisiten eingesetzt werden
und die Kinder in der Lage sind, Requisiten auch fiktiv einzusetzen. So werden die Perlen im Kochtopf zu einer bestimmten
schmackhaften Mahlzeit, ein Vorhang wird zum Brautschleier,
oder ein Baustein kann zum Stethoskop umgewandelt werden.
Deshalb ist es sehr wichtig, daß die Kinder im Raum genügend
Materialien vorfinden, die sie zum eigenständigen und phanta-
sievollen Spielen anregen.

Es ist immer wieder faszinierend, mit welcher Intensität
Kinder sich im Rollenspiel ausleben, Erwachsene in ihrem Verhalten nachahmen und deren Regeln kopieren. So kommen Re-

---

[13] vgl. Ljunggren, 1994, S. 39

geln im Spiel zum Ausdruck, die zum Beispiel zu Hause bei den Mahlzeiten gelten oder beim Einkaufen, indem sich zum Beispiel kein anderer, der in der Schlange an der Kasse steht, vordrängeln darf.

Neben den Rollenspielen gewinnen die *Regelspiele* zunehmend an Bedeutung. Die Kinder spielen immer öfter in größeren Gruppen, was feste Regeln notwendig werden läßt. Regelspiele sind alle Spiele, die nach festen Regeln verlaufen und nur wenig Raum für individuelle Gestaltungsmöglichkeiten lassen.

Zu den Regelspielen gehören Ballspiele, Murmelspiele, Domino, Quartettspiele, Memory und vieles andere mehr.

Regelspiele gehören zum festen Inventar des Kindergartens und sollten den Kindern auch immer zugänglich sein.

Ebenso erfreuen sich *Konstruktionsspiele* wie beispielsweise Lego, Fischertechnik, Sonos, Konstri, Nopper und Bausteine bei den Sechsjährigen zunehmend größerer Beliebtheit. Die Kinder fangen an, zielgerichtet bestimmte Vorhaben, wie den Bau eines Flugzeuges oder Autos zu verwirklichen. Viele Kinder können sich im Kindergarten über größere Zeiträume allein und in Gruppen mit dem Konstruktionsmaterial beschäftigen. Auch das Betrachten von Sachbilderbüchern wird für die Kinder immer interessanter.

Wie bereits dargestellt, sind die Kinder im letzten Kindergartenjahr oft zeitlich sehr verplant durch Aktivitäten, die am Nachmittag von den Eltern für die Kinder arrangiert werden. Vor diesem Hintergrund gewinnt das freie und selbstbestimmte Spiel gerade auch im letzten Kindergartenjahr eine hervorgehobene Bedeutung. Es ist wichtig, daß Kinder, die sonst sehr verplant werden, im Kindergarten Freiräume zum selbstbestimmten Spielen bekommen. Damit ist gemeint, daß Kinder auswählen können, mit wem sie spielen wollen, was sie spielen wollen und wie lange sie spielen wollen, ohne gleich wieder unterbrochen zu werden. Wichtig ist, daß beim Spielen nichts „herauskommen" muß, sondern daß der Sinn des Spiels im Spiel selbst liegt.

So wie Astrid Lindgren es beschreibt, entwickeln Kinder ein sicheres Selbstwertgefühl und ein ganzes Stück innere Unabhängigkeit, wenn ihnen zugetraut wird, daß sie ihre Zeit auch selbständig und unabhängig von Anleitungen durch die Erwachsenen und ohne Leistungskontrolle gestalten können. Kinder sind darauf angewiesen, daß sie von den Erwachsenen Wertschätzung und Akzeptanz für ihr Tun erfahren und sich in ihrem Kindsein angenommen fühlen können, unabhängig von Leistungen oder vorzeigbaren Erfolgen. Dieser Aspekt gewinnt im Hinblick auf die Leistungsanforderungen in der Schule eine ganz besondere Bedeutung. Es ist eine Realität, daß manche Schülerinnen und Schüler die gewünschten Leistungen nicht erbringen können. Damit Kinder daran nicht verzweifeln, ist es entscheidend, daß sie früh durch die Haltung von Eltern, Lehrer/innen und Erzieher/innen lernen und erfahren können, daß sich ihr Wert nicht durch ihre Leistung definiert, sondern grundlegend in ihrer Person begründet ist. Auf künftigen Leistungsdruck können Kinder am besten vorbereitet werden, indem sie immer wieder in ihrem Eigenwert bestätigt werden und somit ein sicheres Selbstbewußtsein aufbauen können.

Eine flexible Gestaltung des Tagesablaufs im Kindergarten ist ebenfalls eine wichtige Voraussetzung, wenn Kindern erlaubt werden soll, sich im Spiel auszuleben. Wenn der Tagesablauf sehr stark und unflexibel strukturiert ist, besteht die Gefahr, daß die Kinder in ihren Aktivitäten unterbrochen werden und für sie wichtige Spiele nicht beenden können.

Freiräume ungeplant und befriedigend zu leben, ohne dabei auf Unterhaltungsangebote aus den Medien zurückgreifen zu müssen, ist eine Fähigkeit, die viele Menschen heute zu verlernen beginnen. Eine wichtige pädagogische Aufgabe des Kindergartens besteht deshalb darin, den Kindern solche Freiräume zu bieten und ihnen einen kindgemäßen Rahmen zu verschaffen, der genug Anregungen und Möglichkeiten zum eigenständigen und erfüllten Tun bietet.

Wird den Kindern im Kindergarten bewußt ein Rahmen geboten, in dem diese Erfahrungen möglich sind, leistet der Kindergarten einen wesentlichen Beitrag zur Persönlichkeitsentwicklung und zum Aufbau eines gesunden Selbstwertgefühls, was unabdingbare Voraussetzung für die Bewältigung späterer Anforderungen im Leben im allgemeinen und bald auch in der Schule im besonderen ist.

4.3 Was lernen die Kinder, wenn sie „nur" zusammen spielen?

„Das ist ja alles ganz schön und gut", sagen manche Eltern. „Aber was lernen unsere Kinder denn nun, wenn sie „nur" zusammen spielen, und was hat das mit der Schule zu tun?"

Für viele Kinder gehört der Kindergarten zu den wenigen Orten, an denen sie andere Kinder treffen und mit ihnen spielen können. So bekommt der Kindergarten auch in dieser Hinsicht eine ganz wesentliche Bedeutung für die Entwicklung der Kinder. Menschen sind im Leben immer auf den Kontakt mit anderen Menschen angewiesen, und für die kindliche Entwicklung ist es von großer Bedeutung, daß die Kinder Freunde finden und Partner, an denen sie sich messen und ausprobieren können. Viele Kindertagesstätten öffnen sich auch für Kinder aus anderen Altersgruppen.

In manchen Einrichtungen gibt es Altersmischungen vom Babyalter bis zu 12 Jahren.[14]

Diese Einrichtungen bieten Kindern die Chance zu erweiterten Erfahrungen im sozialen Bereich. Hinsichtlich der Schule erfahren die Sechsjährigen durch das Vorbild der anderen ganz von selbst, welche Veränderungen der Schuleintritt im Hinblick auf die Regelmäßigkeit des Tagesablaufs und das Bewältigen der Hausaufgaben im Leben der Schulkinder bewirkt.

Kinder erleben im Kindergarten Gemeinschaft mit anderen Kindern, eine Erfahrung, die sie zu Hause oft nur begrenzt machen können, wenn sie keine Geschwister oder Kinder in der Nachbarschaft haben. Die altersgemischte Gruppe bietet Kindern viele Möglichkeiten des sozialen Lernens, indem beispielsweise Rücksicht und Toleranz gegenüber Kleineren und Schwächeren eingeübt werden kann. Genauso aber erleben die Kinder in der Auseinandersetzung mit anderen Kindern Frustrationen und die Erkenntnis, nicht so gut, so schnell oder so geschickt zu sein wie die anderen. Der Aufbau von Frustra-

---

[14] vgl. Haus für Kinder, Abschlußbericht, Ministerium für Kultur, Jugend, Familie und Frauen, Rheinland-Pfalz

tionstoleranz ist ein ganz wesentlicher Aspekt der Sozialerziehung im Kindergarten im Hinblick auf die Schule. Kinder müssen lernen, mit Frustrationen umzugehen, ohne zu verzweifeln und gleich die Flinte ins Korn zu werfen. Frustrationen gehören ebenso wie Erfolgserlebnisse zum Leben dazu und wollen verkraftet werden. Es ist wichtig, daß auch die älteren Kinder in dieser Hinsicht ihre Erfahrungen machen können, weil ja gerade in diesem Alter das Kräftemessen und Konkurrenzdenken allmählich eine große Bedeutung gewinnt.

Kindergartenkinder können in dieser Beziehung Hilfestellungen von den Erzieherinnen bekommen.

So ist zum Beispiel im Kindergarten ein Kind ganz verzweifelt, weil es beim Fangenspielen immer am langsamsten ist und keinen seiner Kameraden einfangen kann. „Ich kann aber auch gar nichts." Die Erzieherin beobachtet die Situation und hilft, indem sie seinen Blick auf die Fähigkeiten lenkt, die dieses Kind besonders gut beherrscht.

Auch Kinder, die keinen besonders guten Stand in der Gruppe haben, können über sich die Meinung entwickeln, weniger wert zu sein als die anderen. Im Kindergarten besteht die Möglichkeit, das Selbstwertgefühl der Kinder zu stärken, indem sie durch das Eingreifen der Erzieherin die Möglichkeit bekommen, ihre Fähigkeiten und Neigungen unter Beweis zu stellen und den anderen Kindern zu zeigen.

Der Aufbau eines positiven Selbstwertgefühls ist von grundsätzlicher Bedeutung, nicht nur im Hinblick auf den späteren Erfolg in der Schule, sondern für das ganze weitere Leben der Kinder.

„Bandenbildungen" unter den „Großen" im Garten oder Hof sind häufig zu beobachten, und oft leiden die Kleinen darunter sehr, weil sie der Dominanz der „Großen" im Kindergarten nicht gewachsen sind. Erzieherinnen können hier regulierend eingreifen und den Sechsjährigen Anregungen für andere Spiele nach bestimmten Regeln geben, die auch im Freien gespielt werden können und genauso ein Kräftemessen und ein Ausagieren der motorischen Bedürfnisse ermöglichen. Kinder kommen heute auf gemeinsame Spiele im Freien nicht ohne weiteres von selbst, weil häufig die Möglichkeiten, im Freien vor der

Haustür mit Nachbarskindern zu spielen, nicht mehr gegeben sind. So werden Spiele heute auch weniger als früher von älteren Kindern an jüngere Kinder weitergegeben. Das Erarbeiten von Regeln zusammen mit den Kindern kann helfen, die Grenzen der anderen respektieren zu lernen. Wie bereits dargestellt gehören Regelspiele in das Alter der Sechsjährigen, und die Sechsjährigen sind auf Grund ihres Entwicklungsstandes schon gut in der Lage, Regeln zu erarbeiten und auch darauf zu achten, daß sie eingehalten werden.

4.4 Raumgestaltung im Kindergarten

Die Raum- und Hofgestaltung und das Materialangebot im Kindergarten können Kindern Anregungen geben für selbstgewählte Aktivitäten. Je kindgerechter die Raum- und Hofgestaltung und je anregender das Materialangebot ist, um so leichter wird es Kindern fallen, die Freiräume sinnvoll zum Spielen zu nutzen. Ecken und Nischen können dem Bedürfnis der Kinder nach unbeobachtetem Spiel sehr entgegenkommen. Wie wichtig dies für die Sechsjährigen im Kindergarten ist, wurde in Kapitel 2.2 ausführlich dargestellt. In manchen Kindergärten gibt es feste Einbauten und Hochebenen, um den Raum kindgerecht zu untergliedern. Viele Einrichtungen improvisieren in dieser Hinsicht und benutzen Schränke, Kisten oder Vorhänge als Raumteiler. Der Phantasie ist in dieser Hinsicht keine Grenze gesetzt. Der große Vorteil von improvisierten Raumteilern besteht darin, daß sie, je nach Bedürfnis der Kinder, mit den Kindern zusammen wieder vergrößert, verkleinert, ganz entfernt oder umfunktioniert werden können. Kinder fühlen sich mit ihren Bedürfnissen ernst genommen, wenn sie die Erfahrung machen können, daß die Gestaltung des Raumes veränderbar ist und nach ihren Vorstellungen und Interessen vorgenommen werden kann. Nicht sie müssen sich dem Raum anpassen, sondern der Raum kann an sie angepaßt werden – soweit es die Realitäten zulassen. Dabei kann es durchaus vorkommen, daß die Raumaufteilung nicht unbedingt nach Erwachsenengesichtspunkten als „schön" anzusehen ist oder die

Vorstellungen der Erwachsenen von Ordnung und Überschau-
barkeit erfüllt werden.

In diesem Zusammenhang soll die folgende kleine Geschichte
erzählt werden:

Ordnung ist das halbe Leben

*Als ich sieben Jahre alt war, hatte ich ein besonderes Spiel für
Regentage. Ich kroch in meine Höhle im Schuhschrank unter
der Treppe und war Robinson. Von Zeit zu Zeit schwamm ich
auf das glatte Linoleum-Meer hinaus und rettete ein Kissen für
mein Lager, holte Bauholz aus dem Wrack – die Kiste mit den
Bauklötzen – und brachte den braunen Plüsch-Affen in Sicherheit. Auf meinen Strandgängen drang ich bis in die Küche vor
und fand Schiffszwieback im Brotkasten.*

*Zwischendurch rollte ich mich in der Höhle zusammen wie
eine Katze und horchte auf den Regen. Auf den grünen Lino-
leum-Wellen trieb noch allerhand, was gerettet werden mußte,
aber ich wagte mich nur selten hinaus, denn immer wieder stelz-
ten die Beine der Erwachsenen am Höhleneingang vorbei.*

*Solange die Erwachsenen mit ihren eigenen Angelegenheiten
beschäftigt waren, ging alles gut. Aber sobald sie Zeit hatten,
sich für mich und mein Spiel zu interessieren, wurde der Ein-
gang meiner Höhle dunkel, und ich wurde gefragt, was das nun
wieder für eine Zigeunerwirtschaft sei.*

*Ich hörte sofort auf, Robinson zu sein. Es ist unmöglich, Ro-
binson Crusoe zu bleiben, wenn man aufräumen muß. Aufräumen heißt, alles wieder dahin stellen, wo es gestanden hat oder
angeblich hingehört – der Größe nach, der Reihe nach, nebeneinander oder übereinander.*

*Für diese Art von Ordnung haben die Erwachsenen eine be-
sondere Schwäche. Es ist ihr Spiel – aber sie zerstören jedes andere Spiel damit. Das Flugzeug wird auf den Kopf gestellt und ist
wieder Tisch, das Pferd wird wieder zum Besen, die Dinge ziehen sich in sich selbst zurück und wollen sich nicht mehr verwandeln, und die Zimmerwände schließen sich zum Käfig.*

*Wenn man brav aufgeräumt hat und alles „in Ordnung" ist,
sitzt man da und ist „gut erzogen" – der langweiligste Zustand,
der sich denken läßt.*

„Ordnung ist das halbe Leben", sagen die großen Leute dann. Das soll eine Belehrung sein, vielleicht auch ein Trost – aber solange man noch klein ist, klingt diese Feststellung wie der schlecht verhehlte Triumph des Stärkeren, der seinen Willen durchgesetzt hat. Erst später entdeckt man, daß die Behauptung, Ordnung sei das halbe Leben, auch etwas Tröstliches enthält.

Nämlich die Aussicht auf die andere Hälfte. Und das unterdrückte Eingeständnis, daß dem Leben, im ganzen gesehen, mit der Ordnung allein nicht beizukommen ist.

aus: Hans Georg Lenzen: Die Republik der Taschendiebe.
© 1960 by Karl Rauch Verlag, Düsseldorf.

Wenn wir bei der Raumgestaltung als Erwachsene uns die Frage stellen, in welchen Räumen wir selbst gerne gespielt haben, können wir ein gutes Gefühl dafür entwickeln, was Kinder brauchen, um sich wohl zu fühlen und im Spiel die eigenen Ideen zu verwirklichen.

Ebenso wie die Raumgestaltung ist auch die Gestaltung des Außengeländes wichtiger Bestandteil der pädagogischen Arbeit. Es bietet Raum zum Toben, für Spiele im Freien, zum Ausagieren der motorischen Bedürfnisse, was ja in diesem Alter, wie wir in Kapitel 2 gesehen haben, besonders wichtig für die Kinder ist.

Falls die Möglichkeit besteht, ist es auch hier günstig, wenn der Garten oder Hof nicht von überall einsehbar ist und besonders die „Großen" auch einmal die Möglichkeit haben, sich zurückzuziehen.

Weiterführende Literaturangaben zum Thema „Raum- und Hofgestaltung" finden Sie im Kapitel „Literatur".

4.5 Das Materialangebot im Kindergarten

Das Materialangebot muß immer auch wieder variieren und für die Kinder ansprechend und von Interesse sein. Dies ist besonders für die Kinder im letzten Kindergartenjahr wichtig, weil

sie ja schon manchmal vier Jahre lang die Einrichtung besucht
haben. Bleibt das Materialangebot ständig gleich, muß sich verständlicherweise Langeweile und das Gefühl der Unterforderung einschleichen und eine gewisse Kindergartenmüdigkeit
aufkommen.

Das Material braucht nicht immer ausschließlich nach „pädagogisch wertvollen" Kriterien ausgesucht werden. Wir alle
wissen, daß wir als Kinder oft mit Dingen gespielt haben, die
keineswegs pädagogisch wertvoll waren. So konnte beispielsweise ein Garnröllchen für eine Zeitlang zum schönsten Spielzeug werden. Wenn wir einmal daran zurückdenken, ist es sinnvoll, im Kindergarten ein „Kramkästchen" aufzustellen, das die
Kinder nach eigenem Geschmack füllen können. Der Inhalt
von Überraschungseiern oder von Automaten kann für die
Kinder zeitweise bedeutsamer sein als Spielzeug, das fest zum
Inventar des Kindergartens gehört.

Anregend ist es auch, für die Kinder im Gruppenraum einen
Platz z. B. auf der Fensterbank für wechselnde Sammlungen zu
schaffen. Dies können Sammlungen von Mitbringseln aus dem
Urlaub sein wie Muscheln, Steine, feiner Sand etc. oder jahres-
zeitbezogene Materialien aus der Natur wie beispielsweise Tan-
nenzapfen, Eicheln, Kastanien. Kinder sammeln in diesem
Alter gerne, und den Möglichkeiten zur Ausgestaltung einer
Ausstellungsecke im Kindergarten sind im Kindergarten keine
Grenzen gesetzt.

Auch wenn von einzelnen Kindern bekannt ist, daß sie zu
Hause besondere Interessen entwickeln und dazu bestimmte
Materialien brauchen, können sie in dieser Hinsicht auch im
Kindergarten Angebote bekommen.

Beispiel:

Ein Sechsjähriger begann mit seinem Vater elektrische Schaltkreise
herzustellen und brachte so diverse Lämpchen zum Leuchten. Die Erzieherinnen griffen dieses Interessengebiet des Kindes auf und schaff-
ten einige Materialien aus diesem Bereich an. So entstand für eine Zeitlang eine Elektroecke im Kindergarten, die gerne auch von anderen
Sechsjährigen genutzt wurde. Die Kleineren standen oft dabei, schau-

ten zu und durften auch manchmal mitmachen. Wichtig dabei war, daß zusammen mit den Kindern Regeln aufgestellt wurden, damit die älteren Kinder möglichst ungestört experimentieren konnten, die Kleineren sich aber nicht immer ausgeschlossen fühlen mußten.

Alte Radios, Wecker, Armbanduhren, Föne, Duschschläuche, Lupen, Magnete, Rasierapparate etc. bieten ein weites Feld zum Experimentieren und Untersuchen und können zu einem festen Materialangebot im Kindergarten werden, das natürlich immer wieder erneuert und ergänzt werden muß. Eltern stehen diesen Aktivitäten im allgemeinen sehr aufgeschlossen gegenüber und sind bereit, zu Hause nach alten, nicht mehr funktionierenden Gegenständen zu forschen.

Auch der freie Zugang zu Buntstiften, Wasserfarben, Wachsmalstiften, Kleister etc. ist wichtig, um Kinder zu eigenständigem und phantasievollem Tun anzuregen.

Die Gestaltung einer Bilderbuchecke ist für die Kinder von großer Bedeutung. Viele Kinder ziehen sich gerne einmal mit einem Bilderbuch zurück, für andere haben Bücher keinen besonderen Wert. Wie bereits beschrieben, gehören eine Vielzahl von Medien wie Fernseher, Videorecorder etc. zum normalen Alltag der Kinder. So ist das Betrachten und Kennenlernen von Büchern ein Wert, der Kindern vielfach erst vermittelt werden muß.

Zum genüßlichen Betrachten von Bilderbüchern gehört eine ruhige und gemütliche Atmosphäre und die Möglichkeit, sich in Ruhe Bilderbücher nach Geschmack auszusuchen und darin zu schmökern. Damit Bilderbücher einen Aufforderungscharakter für Kinder haben, ist die Präsentation von großer Bedeutung, d. h. Bilderbücher müssen Kindern so präsentiert werden, daß sie auch danach greifen. Deshalb dürfen Bücher nicht mit dem Buchrücken nach vorn im Regal stehen, weil der Buchrücken für Kinder keinerlei Aufforderungscharakter hat. Dagegen ist es sehr vorteilhaft, wenn Bücher mit dem Einband nach vorne aufgestellt werden und so auf Grund des Einbandes einladen, einmal näher nachzuschauen und darin zu stöbern. Leisten, die an der Rückseite von Schränken angebracht werden, eignen sich gut zum Aufstellen von Büchern, und ein ge-

spanntes Gummiband sorgt dafür, daß die Bücher nicht herunterfallen.

Das Vorlesen und Betrachten von Bilderbüchern und das Gespräch darüber in einer gemütlichen Atmosphäre, die geprägt ist von emotionaler Wärme und Zuneigung, kann Kindern ein Gefühl von Ruhe und Geborgenheit vermitteln, was für viele Kinder, wie bereits in Kapitel 3 dargestellt wurde, von großer Bedeutung ist. Außerdem trägt das Vorlesen und Betrachten von Büchern dazu bei, daß Kinder den Wert von Büchern erfahren und allmählich einen Zugang zu ihnen bekommen können. Das Vorlesen und Betrachten von Bilderbüchern darf nicht als Lückenfüller angesehen werden, um beispielsweise eben noch die Zeit bis zum Abholen zu überbrücken.

Wie wichtig der Umgang mit Büchern im Kindergarten im Hinblick auf die Schule ist, liegt auf der Hand und braucht nicht näher ausgeführt zu werden.

Indem wir also Kindern durch viele verschiedene Materialangebote Möglichkeiten zu selbständigem Handeln im Kindergarten eröffnen, stärken wir ihr Selbstvertrauen, fördern so ihre Selbständigkeit und Eigenverantwortlichkeit.

4.6 Kommunikation und Gespräche im Kindergarten

Wie in Kapitel 3 beschrieben, bleibt in viele Familien oftmals nur wenig Zeit, um miteinander zu sprechen und auf die Gefühle und Gedanken der Kinder einzugehen. Die Organisation des täglichen Lebens und die Anforderungen im Beruf lassen Eltern oft nur wenig Raum für das Gespräch mit den Kindern.

Dieses Gespräch ist daher als ganz wesentlicher Bestandteil in der pädagogischen Arbeit im Kindergarten anzusehen. Kinder brauchen Gesprächspartner, die sich die Zeit nehmen, ihnen mit Interesse und Anteilnahme zuzuhören, um die Motivation zum Sprechen zu entwickeln und sich ausdrücken zu lernen. Sie müssen die Erfahrung machen können, daß das, was sie sagen, ernst genommen wird und nicht ungehört verklingt. Zuhören,

was Kinder sagen, nachempfinden, was sie gefühlsmäßig zum
Ausdruck bringen, ist eine wichtige Voraussetzung dafür, daß
Kinder sich angenommen und akzeptiert fühlen und die Fähig-
keit entwickeln können, sich differenziert auszudrücken.

Die Fähigkeit, sich auszudrücken, ist in der Schule eine der
wichtigsten Voraussetzungen, um dem Unterricht aktiv folgen
zu können, Konflikte mit Mitschülern verbal auszutragen und
sich auch im Gespräch mit dem Lehrer angemessen zu verhalten.

Es ist daher sinnvoll, Kinder im Kindergarten in dieser Hinsicht zu unterstützen und sich bewußt die Zeit für Gespräche
mit den Kindern zu nehmen. Diese können sich spontan auf
Initiative der Kinder in der Gesamtgruppe oder auch mit einzelnen Kindern entwickeln.

Sie können auch von den Erzieherinnen angeregt werden.
Den Themen sind keine Grenzen gesetzt. Es ist jedoch bei der
Auswahl der Themen immer darauf zu achten, daß diese für die
Kinder aktuell und interessant sind, damit sie Lust haben, sich
zu äußern und sprachlich einzubringen. Es ist wichtig, Anre-
gungen der Kinder aufzugreifen und für Gespräche zu nutzen.

Beispiel:

Ein sechsjähriger Junge brachte in einem Körbchen zwei Schnecken
mit, die er stolz herumzeigte. Er hatte die Schnecken liebevoll auf
Gras gebettet, und man merkte ihm an, daß die Schnecken einen
großen Wert für ihn hatten. Die anderen Kinder waren sehr interessiert, alle wollten die Schnecken beobachten. Die Erzieherin nahm
diese Situation als Anlaß für ein Gespräch in der Kleingruppe mit den
am Thema interessierten Kindern. Die Kinder konnten die Schnecken
in Ruhe beobachten, und die Erzieherin ergänzte die Beobachtungen
der Kinder mit Hilfe eines Tierlexikons. Die Kinder waren mit höch-
stem Interesse und großer Ausdauer bei der Sache und haben auf diese
Weise eine ganze Menge gelernt.

Wie bereits in Kapitel 2 dargestellt, ist der große Wissensdrang
ein typisches Merkmal für den Entwicklungsstand der Sechsjährigen. Sie wollen immer mehr kennen- und begreifen lernen.
Die hohe Lernmotivation der Kinder und ihre große Neugierde
sind wichtige Ansatzpunkte für viele Gespräche.

Gruppengespräche sind für die Sechsjährigen ein wichtiges Lernfeld im Hinblick auf die Schule. Sie können hier die Erfahrung machen, daß es auch im Gespräch Spielregeln gibt, die eingehalten werden müssen, damit jeder die Möglichkeit bekommt, etwas zu sagen. So lernen sie, sich gegenseitig zuzuhören, mit dem eigenen Beitrag zu warten, bis die anderen ausgesprochen haben und Toleranz gegenüber anderen Meinungen aufzubringen. Der Erwerb dieser Kompetenzen ist für die Kinder im Hinblick auf die aktive Teilnahme am Schulunterricht von großer Wichtigkeit.

Rollenspiele sind ebenfalls eine gute Möglichkeit, Kinder zum Sprechen anzuregen. Darüber hinaus bieten sie Kindern die Gelegenheit, sich in andere Menschen und deren Gedanken- und Gefühlswelt hineinzuversetzen und diese so besser verstehen zu lernen.

Weiterführende Literatur zum Thema „Mit Kindern sprechen" finden Sie im Anhang dieses Buches.

4.7 Lebensrealität im Kindergarten erfahrbar machen

Wie bereits an anderer Stelle angesprochen, leben viele Kinder heute oft in künstlichen Spiel- und Medienwelten und werden nur selten mit eingebunden in die Abläufe, die für das tägliche Leben notwendig sind. Die Hausarbeit wird zum Beispiel meistens weitgehend mit Hilfe von Maschinen organisiert, und ebenso gehören Großeinkäufe, an denen Kinder nur wenig Anteil haben, zum gewöhnlichen Alltagsleben moderner Familien.

Vor diesem Hintergrund muß die pädagogische Arbeit im Kindergarten darauf abzielen, Lebensrealitäten erfahrbar werden zu lassen und den Kindern im Rahmen ihrer Fähigkeiten auch etwas zuzutrauen.

Die Küche ist beispielsweise ein Bereich in Kindertagesstätten, in dem Kinder mitwirken und bei der Zubereitung der Mahlzeiten helfen können. Mixer, Küchenmaschinen und Waf-

feleisen können von den Kindern unter Anleitung benutzt werden. Ebenso kann es die Aufgabe der Kinder sein, das Telefon abzunehmen oder den Anrufbeantworter bedienen zu lernen. Geschirrspülen und Abtrocknen oder die Spülmaschine ein- und auszuräumen sind ebenfalls Tätigkeiten des alltäglichen Lebens, die Kinder im Kindergarten mittragen können. Gerade die Sechsjährigen im Kindergarten sind sehr stolz, wenn sie verantwortlich in notwendige und wichtige Tätigkeiten eingebunden werden. Für die Kinder im letzten Kindergartenjahr ist dieser Aspekt der pädagogischen Arbeit von besonderer Bedeutung, da ihnen auf Grund ihres Entwicklungsstandes schon mehr Eigenständigkeit und Kompetenz zugetraut werden kann als den Kindern der anderen Altersgruppen.

Eine kompetente Anleitung und das verantwortliche Übertragen von Aufgaben gibt Kindern das Gefühl von Wichtigkeit und Wert und trägt damit zum Aufbau von Selbstwertgefühl und der Erweiterung von Kompetenzen im täglichen Leben bei.

Die Selbständigkeit der Kinder wird gefördert.

Beispiel 1:

In einem Seminar erzählte eine Erzieherin, daß sie einen sechsjährigen Jungen damit beauftragt hatte, das Amt des „Kellerwarts" zu übernehmen. Dieses Amt wurde notwendig, weil die Kinder immer ihr Sandspielzeug und die Sandlastwagen in einem völligen Chaos in den dafür bestimmten Kellerraum geworfen haben. Der Junge nahm seine Sache ernst, und so wurden außer ihm noch für „Notfälle" zwei Stellvertreter bestimmt. Die Kinder erfüllten ihre Aufgabe mit großem Eifer und viel Gewissenhaftigkeit.

Beispiel 2:

Die Eltern hatten an einem Wochenende in einem Kindergarten übernommen, die Bäume und Hecken zu schneiden und die Spielgeräte und Holzhäuschen im Garten zu renovieren. Es wurde gesägt, gehämmert und gestrichen. Die Kinder waren mit Feuereifer dabei und halfen den Erwachsenen den ganzen Tag über, ohne müde dabei zu werden. Für die Eltern war dies eine wichtige und neue Erfahrung, und sie waren über das Engagement der Kinder sehr erstaunt. Es war für alle ein anstrengender, aber sehr befriedigender Tag.

Zitat einer Mutter: „Wir hatten alle einen Riesenspaß."

Beispiel 3:

Eine andere Erzieherin erzählte:
Wenn wir mit den Sechsjährigen gemeinsam eine Aktivität planen, kaufen wir auch mit den Kindern zusammen die dafür notwendigen Sachen ein.
Früher war dies immer die Aufgabe der Erzieherin. Jetzt haben wir festgestellt, daß die Kinder Spaß am Einkaufen haben und es nicht sinnvoll ist, sie hier auszugrenzen. Sie können beim Einkaufen viele wichtige Erfahrungen machen und kommen auch einmal aus dem Kindergarten heraus.

Wenn wir an die in Kapitel 3 dargestellte Lebenssituation vieler Kinder denken, so wird deutlich, daß der Kindergarten keine Insel sein darf und kein abgeschlossenes Einzeldasein führen kann, losgelöst vom sonstigen Leben im Gemeinwesen. Es ist für die Entwicklung der Kinder und ihrer Selbständigkeit auch im Hinblick auf die bevorstehende Einschulung sehr wichtig, daß sie ihr Umfeld nach und nach kennen- und sich darin zurechtfinden lernen. Das Erlernen eines richtigen Verhaltens im Straßenverkehr gehört ebenso dazu wie der Besuch wichtiger Einrichtungen des Gemeinwesens wie Schule, Post, Bäckerei etc.
Das Einbeziehen der Kinder ins alltägliche Leben und das verantwortliche Übertragen von Aufgaben gibt den Sechsjährigen das Gefühl, ernst und für voll genommen zu werden und verhilft ihnen zu mehr Selbstsicherheit und Kompetenz bei der Bewältigung des täglichen Lebens und zukünftiger Aufgaben.

4.8 Die Beobachtung der Kinder als notwendige Voraussetzung für die pädagogische Arbeit

Grundvoraussetzung für pädagogische Arbeit ist die Beobachtung der Kinder im Kindergartenalltag. Besonders im Hinblick auf die Eltern der künftigen Schulkinder haben Erzieherinnen oft Bedenken, daß Eltern das einfache Beobachten der Kinder als Passivität der Erzieherinnen interpretieren könnten, wenn die Erzieherin nichts für die Eltern Erkennbares tut. In diesem Fall ist es wichtig, sich nicht beirren zu lassen und die Notwendigkeit der Kinderbeobachtung den Eltern deutlich zu machen. Eltern haben eher Verständnis für das Verhalten der Erzieherinnen, wenn sie verstehen, was sich in Wirklichkeit hinter der scheinbaren Passivität verbirgt, und sie erkennen können, wie wichtig das Beobachten der Kinder für die Planung und Durchführung der pädagogischen Arbeit in der Kindergruppe ist.

Aufmerksame Beobachtung ist eine unverzichtbare Voraussetzung, wenn wir die Kinder mit ihren Bedürfnissen und Interessen verstehen, diese aufgreifen oder zusammen mit den Kindern weiterführen wollen. Durch die Beobachtung der Kinder und deren Interessen können sich wichtige Anhaltspunkte für die Durchführung von spontanen Aktionen in der Gruppe oder die Planung von Projekten ergeben.

Die Beobachtung der Kinder ist ebenfalls wichtig, wenn sich die Notwendigkeit ergibt, Hilfen für Kinder zu entwickeln, die in ihrem Verhalten auffällig werden, indem sie sich beispielsweise auffällig zurückziehen oder ständig stören, anderen Kindern zusetzen und dadurch so dominant in der Gruppe werden, daß andere Kinder sogar möglicherweise darunter leiden. Um selbst zu einem ausgewogenen Bild zu gelangen und eine Grundlage für den Austausch im Team und eventuelle Elterngespräche zu haben, ist die Beobachtung des Kindes eine unerläßliche Voraussetzung.

Auch die Stellung des Kindes in der Gesamtgruppe, ihre Zusammensetzung und die Zusammensetzung der verschiedenen Kleingruppen bedürfen der genaueren Beobachtung. Es ist immer wichtig festzustellen, mit welchen Kindern das betreffende Kind spielt, welche Interessen sich bei den Kindern entwickeln und welchen Einfluß die Kinder aufeinander haben. Hier ergeben sich wichtige Anhaltspunkte für die Erzieherin, auch auf das unerwünschte Verhalten einzelner Kinder in der Gruppe Einfluß zu nehmen.

Ebenso ist die kritische Reflexion des eigenen Erzieherinnenverhaltens, die Einstellung der Erzieherin zum Kind, ihr persönlicher Umgang mit seiner Problematik notwendig. Ihre mögliche Sympathie oder auch Antipathie wirkt sich auf das Verhalten des Kindes aus und kann sein Verhalten in verschiedener Hinsicht beeinflussen.

Der Austausch mit den anderen Kolleginnen kann in dieser Hinsicht sehr hilfreich und weiterführend sein. Die anderen Kolleginnen sehen das Kind mit anderen Augen und kommen möglicherweise zu einer anderen Einschätzung, die helfen kann, das eigene Bild neu zu überprüfen und möglicherweise zu relativieren. Es ist wichtig, sich bewußt zu machen, daß Sympathie, Antipathie oder Verhaltensweisen, die wir an anderen ablehnen, immer auch etwas mit unserer eigenen Persönlichkeit zu tun haben.

4.9 Die Zusammenarbeit mit der Schule

Für die Kinder wird der bevorstehende Schuleintritt im Laufe der Zeit immer mehr zu einem wichtigen Thema. Die Kinder bringen ihren Ranzen und ihr Federmäppchen mit in den Kindergarten und zeigen ihn stolz den Erzieherinnen. Sie fühlen sich nun als „die Großen".

Einige Kinder freuen sich auf die Schule, andere haben aber auch Bedenken, weil ihnen von älteren Geschwistern oder anderen Schulkindern „Horrorgeschichten" über die Schule erzählt worden sind. Auch Sätze wie „Warte mal, bis du in die Schule kommst" wirken eher bedrohlich und einschüchternd, als daß sie ein realistisches Bild vom Schulalltag vermitteln.

Ziel der Vorbereitung der Kinder auf die Schule muß deshalb darin bestehen, Freude an der Schule zu wecken und den Kindern zu helfen, unrealistische Vorstellungen zu revidieren.

Die Zusammenarbeit von Kindergarten und Grundschule ist im Interesse der Kinder im letzten Kindergartenjahr wichtiger Bestandteil der pädagogischen Arbeit.

Unterrichtsbesuche in der Schule können hilfreich sein, weil die Kinder so die Gelegenheit bekommen, ihre künftige Schule kennenzulernen. Sie können auf diese Weise in den Unterricht der ersten Klasse hineinschnuppern und in Ruhe alle Eindrücke auf sich einwirken lassen, ohne schon selbst gefordert zu sein. Auch die Atmosphäre auf dem Schulhof kann im Rahmen eines Unterrichtsbesuchs erfahrbar werden.

So erzählte eine Erzieherin nach einem Schulbesuch über ihre Erfahrungen auf dem Schulhof:

„Anfangs waren die Kinder sehr irritiert und ängstlich und sind ganz in unserer Nähe geblieben. Sie beobachteten nur das Treiben auf dem Schulhof und sprachen darüber, wen sie von den Schulkindern schon kannten. Man merkte ihnen an, daß es zunächst für die Kinder eine große Umstellung bedeutete, sich vom behüteten Kindergarten auf den rauhen Schulhof mit den vielen älteren Kindern einzustellen. Während sie im Kindergarten die „Großen" sind, gehörten sie nun wieder zu den „Kleinen" und mußten sich neu in diese Rolle finden. Allmählich jedoch lösten sie sich von uns und begannen, auf den Klettergerüsten im Schulhof herumzuklettern und mit den Schulkindern Kontakt aufzunehmen."

Es kann für die Kinder auch hilfreich sein, wenn der/die künftige KlassenlehrerIn sich im Kindergarten vorstellt und sich den Kindern bekannt macht. Verbindungen zwischen den verschiedenen Institutionen erleichtern den Kindern den Übergang, weil sie nun nicht mehr das Gefühl zu haben brauchen, sich in zwei unterschiedlichen Welten zu bewegen, die nichts miteinander zu tun haben.

Das Gespräch zwischen den ErzieherInnen und dem/der künftigen KlassenlehrerIn kann hilfreich sein, wenn es darum geht, wichtige Informationen an die Schule weiterzugeben oder von der Schule zu bekommen. Dabei muß jedoch darauf geachtet werden, daß Probleme einzelner Kinder wertfrei und nicht zu einseitig dargestellt werden, besonders wenn es sich um Kinder handelt, die im Kindergarten durch störendes Verhalten aufgefallen sind. Ein Kind kann dadurch in der Schule vorschnell negativ eingestuft werden, und sein Ruf eilt ihm vorweg, ohne daß es überhaupt die Möglichkeit bekommen hätte, sich auch anders zu verhalten. Voreingenommenheit kann sich verstärkend auf das Verhalten der Kinder auswirken und genau wieder zu dem Verhalten führen, was als unerwünscht und störend angesehen wird.

Ein gemeinsam von Kindergarten und Schule geplanter Elternabend kann für Eltern hilfreich sein, wenn beide Institutionen an einem Strick ziehen und die Vorstellungen der Schule erkennbar übereinstimmen mit der pädagogischen Arbeit im Kindergarten. Hierbei sollte deutlich werden, daß der Kindergarten eine eigenständige Bildungseinrichtung mit einem eigenen Bildungsauftrag ist. Der Kindergarten vermittelt viele Kompetenzen für die Schule, hat aber wie in Kapitel 1 ausführlich dargestellt wurde, eigene, in erster Linie am Kind orientierte Arbeitsformen.

Wie sich die Zusammenarbeit zwischen Erzieherinnen und Erziehern und Lehrerinnen und Lehrern gestaltet, hängt immer eng mit den einzelnen Personen und der Kooperationsbereitschaft auf beiden Seiten zusammen. Wichtig ist jedoch im Interesse der Kinder, daß beide Institutionen sich darum bemühen, den Kindern den Übergang vom Kindergarten zur Grundschule zu erleichtern.

5 Elternarbeit im letzten Kindergartenjahr

Die Zusammenarbeit mit den Eltern ist im Kindergarten fester Bestandteil der pädagogischen Arbeit. Sie beginnt mit Eintritt des Kindes in den Kindergarten. Ziel der Zusammenarbeit zwischen Kindergarten und Eltern ist die Begründung eines sicheren Vertrauensverhältnisses als Voraussetzung für die pädagogische Arbeit mit den Kindern. Dies ist umso wichtiger, als viele Kinder einen großen Teil des Tages in der Einrichtung verbringen, so daß der Kindergarten für sie zur zweiten Heimat wird.

5.1 Ängste und Sorgen der Eltern in Bezug auf die Einschulung der Kinder

Die Eltern der Kinder, die im letzten Jahr den Kindergarten besuchen, reagieren sehr unterschiedlich auf die bevorstehende Einschulung. Manche sehen diesem neuen Lebensabschnitt ihrer Kinder mit Ruhe und Gelassenheit entgegen, indem sie darauf vertrauen, daß ihre Kinder ihren Weg in der Schule schon machen werden.

Viele Eltern verbinden mit der Schule aber auch Sorgen und Ängste. Der Schuleintritt der Kinder kann für Eltern sehr schmerzlich erlebt werden, weil er gleichzeitig ja auch bedeutet, daß sie ihr Kind ein Stück mehr loslassen müssen. Vielen Eltern wird beim Schuleintritt bewußt, daß die Kinder wirklich älter werden und die eigenen Einflußmöglichkeiten sich mehr verringern.

Eltern fragen sich oft, ob ihr Kind mit den Anforderungen in der Schule zurechtkommen wird. Dabei geht es nicht nur um die Leistungen, die in der Schule erwartet werden, sondern auch um die sozialen Kontakte auf dem Schulhof und in der Klasse.

Wird sich das Kind behaupten können? Wird es Freunde finden? Wie wird es mit dem künftigen Klassenlehrer zurechtkommen?

Die Schule bedeutet aber nicht nur Neuland für die Kinder, sondern auch für die Mütter und Väter. Während die Eltern im Kindergarten miteinander bekannt waren, eröffnet sich beim Eintritt in die Schule auch für die Eltern im Hinblick auf die Kontakte zu den anderen Eltern und den künftigen LehrerInnen Neuland. Wenn der Kindergarten im Einzugsbereich mehrerer Schulen liegt, wird auch die Elterngruppe neu zusammengesetzt, worauf viele Eltern erst einmal mit Scheu reagieren.

Weiter wird Eltern bewußt, daß die Einschulung des Kindes eine große Umstellung für die ganze Familie mit sich bringt. Während im Kindergarten die Bringzeiten variabel gestaltet werden konnten, müssen die Eltern nun dafür sorgen, daß die Kinder bald den Schulweg allein bewältigen, pünktlich in die Schule kommen und nachmittags die Hausaufgaben zuverlässig machen. Nicht nur die Kinder, auch die Eltern werden durch den Schuleintritt der Kinder mehr in die Pflicht genommen.

Für viele Eltern lebt die eigene Schulzeit mit dem Eintritt des eigenen Kindes in die Schule wieder auf. Eigene durchlebte Sorgen und Ängste im Zusammenhang mit der Schule werden wieder spürbar. So sagte eine Mutter am Einschulungstag ihrer Tochter: „Es kommt mir vor, als würde ich selbst wieder eingeschult. Ich kann mich noch genau an diesen Tag erinnern. Ich hatte große Angst und habe die ganze Zeit am Rockzipfel meiner Mutter gehangen."

Für die Erzieherinnen im Kindergarten bedeutet der Schuleintritt ebenfalls eine große Veränderung. Die Kinder waren viele Jahre in der Einrichtung und sind mit den Erzieherinnen vertraut geworden. Im Laufe der Zeit ist eine Gemeinschaft entstanden, die durch den Eintritt in die Schule beendet wird. So kann es auch für Erzieherinnen schmerzlich sein, Kinder gehen zu lassen, wenn im Laufe der Zeit ein enges und vertrauensvolles Verhältnis entstanden ist.

Man kann sagen, daß der Eintritt in die Schule von allen Beteiligten als sehr einschneidend erlebt und von vielen Gefühlen begleitet wird. Stolz und Freude können sich vermischen mit Traurigkeit, Hoffnung auf einen erfolgreichen Besuch der Schule kann verbunden sein mit der Angst, ob das Kind den Anforderungen in der Schule auch gerecht werden kann.

Als Schwerpunkte für die Elternarbeit im letzten Jahr vor der Schule können angesehen werden:

• Eltern bei Fragen der Einschulung zu beraten;
• die pädagogische Arbeit im Kindergarten transparent zu machen.

5.2 Beratung von Eltern bei Fragen der Einschulung

Im letzten Kindergartenjahr wird von Eltern an Erzieherinnen oft die Frage herangetragen, ob das Kind schon eingeschult werden oder ob es lieber noch ein Jahr im Kindergarten bleiben soll. Außerdem kommt es vor, daß Erzieherinnen Bedenken haben, wenn ein „Kann-Kind" eingeschult werden soll, und deshalb das Gespräch mit den Eltern suchen.

Viele Erzieherinnen scheuen sich vor diesen Gesprächen, weil die Schule oftmals zu einem brisanten Thema im Kindergarten geworden ist.

Es ist hilfreich, folgende Gesichtspunkte bei einem Gespräch über die bevorstehende Einschulung zu berücksichtigen:

• die Eltern sachlich richtig und verständlich auf Grund von gründlichen Beobachtungen über Verhalten und Entwicklungsstand des Kindes informieren;
• auf die Gefühle der Eltern eingehen;
• darstellen, wie und weshalb das Kind möglicherweise noch ein Jahr lang sinnvoll im Kindergarten gefördert werden kann.

Bei Elterngesprächen ist es wichtig, auf die Gefühle der Eltern einzugehen und sie sachlich verständlich über Beobachtungsergebnisse zu informieren und zu erklären, wie ihr Kind im Kindergarten gefördert wird.

Gespräche haben nur dann Sinn, wenn sich die Eltern auch gefühlsmäßig verstanden und mit ihren Sorgen und Ängsten ernstgenommen fühlen. Haben Eltern das Gefühl, daß sie von den Erzieherinnen gefühlsmäßig nicht verstanden werden, sind sie auch weniger bereit, sich auf sachliche Argumente und Begründungen von seiten des Kindergartens einzulassen, die unter Umständen von ihrer eigenen Meinung und ihren eigenen Vorstellungen abweichen.

Je besser und vertrauensvoller sich die Beziehung zwischen Eltern und Kindergarten in den vergangenen Jahren entwickelt hat, um so leichter ist es auch, auf der Sachebene zu argumentieren und zu erklären.

Beobachtungskriterien im Hinblick auf die Schulfähigkeit

Wie bereits in Kapitel 4 beschrieben, ist die Beobachtung der Kinder eine der wichtigsten Voraussetzungen für die Planung der pädagogischen Arbeit im Kindergarten.

Gespräche mit Eltern, die die bevorstehende Einschulung zum Thema haben sollen, müssen sachlich immer auch gut vorbereitet werden und setzen eine ausreichende Beobachtung des Kindes voraus.

Die folgenden Beobachtungskriterien wurden auf der Grundlage von LehrerInnen- und ErzieherInnenbefragungen zusammengestellt und zielen auf die Bereiche ab, in denen die meisten Schwierigkeiten beim Übergang vom Kindergarten in die Grundschule auftraten. Diese Beobachtungskriterien eignen sich gut als Grundlage für die Gesprächsvorbereitung mit Eltern oder Lehrern und Lehrerinnen vor der Einschulung.

Außerdem können sie Aufschlüsse darüber geben, ob es im Kindergarten mehrere Kinder gibt, die in demselben Bereich Schwierigkeiten haben. Erzieherinnen können so gemeinsame Schwierigkeiten einzelner Kinder bei der Planung der pädagogischen Arbeit besser berücksichtigen.

Es kann auch nötig werden, den Eltern die Inanspruchnahme anderer Einrichtungen zu empfehlen, in denen die Kinder speziell gefördert werden können. Dazu gehören beispielsweise der

Hinweis auf den Logopäden, den Ergotherapeuten oder bei besonderen Verhaltensauffälligkeiten die Erziehungsberatungsstelle. Es ist wichtig, daß Erzieherinnen die Möglichkeiten und Grenzen der pädagogischen Arbeit im Kindergarten realistisch einschätzen und bei Bedarf an andere Stellen weiterverweisen. Der Kindergarten kann die therapeutische Arbeit anderer Stellen unterstützen, er ist selbst aber keine therapeutische Einrichtung, auch wenn Eltern manchmal Erwartungen in dieser Hinsicht äußern. Folgender Katalog von Beobachtungskiterien kann die Erzieherin bei der Einschätzung des Kindes unterstützen.[15]

A. *Fragen zur Beobachtung von Tätigkeiten im fein-
   motorischen Bereich*
Gibt es Kinder,
– die eine verkrampfte, angespannte Stifthaltung beim Zeichnen und Schreiben haben?
– die Schwierigkeiten haben, großzügige Linien in einem Schwung zu malen?
– die eine vorgegebene Form nur ungenau wiedergeben können (Auge-Hand-Koordination)?
– die Linkshänder sind?
– die auch in anderen Tätigkeiten, die feinmotorisches Geschick erfordern (z.B. Schneiden, Ball fangen, Kneten, Falten, Nähen, Turmbau mit Bausteinen), unbeholfen sind?

B. *Fragen zur Beobachtung von Aufmerksamkeit und
   Konzentration*
Gibt es Kinder,
– die Arbeitsaufträge oder Anweisungen nicht aufnehmen?
– die leicht ablenkbar sind?
– die Tätigkeiten (Aufgaben, Spiele) nicht zu Ende führen?
– die nicht zuhören?
– die den Eindruck machen, daß sie während einer gemeinsamen Tätigkeit abschalten?
– bei denen sich Konzentrationsschwierigkeiten im Zusammenhang mit motorischer Unruhe zeigen?

---

[15] aus: „Vom Kindergarten zur Schule." 1985, S. 110f.

C. *Fragen zur Beobachtung sprachlicher Kommunikation*
Gibt es Kinder,
– die von sich aus wenig sprechen?
– die Probleme haben, auf Fragen zu antworten?
– die Anweisungen / Erzähltes nicht zu verstehen scheinen?
– die nicht zuhören?
– die undeutlich und leise sprechen?
– die inhaltlich unzusammenhängend erzählen?
– die einen geringen Wortschatz haben?
– die spezielle Sprachstörungen zeigen? (Fehler bei Lautbildun-
  gen, Stottern, Näseln)

D. *Fragen zur Beobachtung von sozial-emotionalem Verhalten*
   in der Gruppe
   (Selbstvertrauen, Selbständigkeit, Selbststeuerung, Kontakt-
   und Kommunikationsfähigkeit, Kooperationsbereitschaft und
   Konfliktverhalten, Toleranz, Einfühlungsvermögen)
Gibt es Kinder,
– die ängstlich oder unsicher erscheinen?
– die Schwierigkeiten haben, vor der Gruppe zu sprechen oder
  sich kaum melden?
– die in neuen Situationen / bei bestimmten Aufgaben hilflos
  und unselbständig sind?
– die Mißerfolge schwer verkraften können?
– die schüchtern / zurückhaltend / gehemmt sind? (z. B. sie erscheinen ausdrucksarm, in ihren Bewegungen gehemmt; sie
  drücken selten eigene Erlebnisse, Gefühle, Interessen aus, usw.)
– die eine zu starke Abhängigkeit von Erwachsenen zeigen?
  (z. B. sie versuchen, die Aufmerksamkeit auf sich zu lenken,
  sie sind übergepaßt...)
– die nicht auf die sozialen Impulse von anderen (Kontaktaufnahme, Aufforderung zum Mitspielen, Aufgabenstellung der
  Pädagogen) eingehen?
– die Probleme haben, Konflikte auszuhalten oder angemessen
  auszutragen?
– die eingeführte soziale Regeln auffallend oft nicht beachten?
  (z. B. Spielregeln, Aufräumen, Sprechen – Zuhören, usw.)
– die Schwierigkeiten haben, mit anderen zusammenzuarbeiten oder zusammen zu spielen?

– die in der Gruppe isoliert sind? (z. B. sie nehmen von sich
  aus keinen Kontakt auf, lehnen andere ab, werden abgelehnt)
– die in der Gruppe vorwiegend eine dominierende Rolle übernehmen?

Ein Gesprächsbeispiel:

In dem folgenden Modellgespräch, das in einem Kurs von Teilnehmerinnen im Rollenspiel geführt wurde, soll nun gezeigt
werden, wie wichtig es ist, sowohl auf die Gefühle der Eltern
einzugehen, als auch die Beratung auf der Sachebene zu führen.

Situationsbeschreibung:
Die Mutter eines „Kann-Kindes", d. h. eines Kindes, das auf
Grund seines Alters schon für die Schule angemeldet werden
könnte, aber noch nicht angemeldet werden muß, erzählte im
Kindergarten, daß sie und ihr Mann daran denken würden,
Mirijam für die Schule anzumelden.
  Die Erzieherin ist der Ansicht, daß es für Mirijam günstiger
wäre, noch ein Jahr länger im Kindergarten zu bleiben. Die Er-
zieherin äußerte deshalb den Wunsch, ein Gespräch mit der
Mutter zu führen, und ein Termin wurde vereinbart.

Erzieherin: Frau L., ich möchte heute gerne mit Ihnen reden, weil
  Mirijam ja im Sommer schon auf Grund ihres Alters in die Schule
  gehen kann und Sie erzählt haben, daß Mirijam nun wahrscheinlich
  auch in der Schule angemeldet werden soll.
Mutter: Ja, ganz recht, mein Mann und ich haben lang darüber ge-
  sprochen und sind beide der Ansicht, daß dies nun die richtige Ent-
  scheidung ist.
Erzieherin: Sie haben sich mit ihrem Mann zusammen schon viele
  Gedanken gemacht.
Mutter: Ja, wir sind der Meinung, daß Mirijam anfängt, sich im Kindergarten zu langweilen, weil sie jetzt andere Anforderungen braucht.
  Die Flötenlehrerin ist da mit mir einer Meinung. Unterforderung
  beim Kind ist genauso schlimm wie Überforderung.
Erzieherin: Sie befürchten, daß Mirijam im Kindergarten unterfordert
  ist und wünschen sich höhere Anforderungen.
Mutter: Ja genau, wenn ich denke, was Mirijam in der Flötenstunde
  auf die Beine stellt und auch sonst. Wir meinen, Mirijam müßte einfach noch mehr gefördert werden.

Erzieherin: Sie sind sehr stolz auf Ihre Tochter.

Mutter: Ja sehr, ich tue alles für meine Tochter.

Erzieherin: Sie erzählt auch immer stolz von der Flötenstunde. Mirijam ist ein sehr intelligentes und aufmerksames Mädchen, das schon über ein großes Wissen in seinem Alter verfügt.

Mutter: Ja, das sagen mein Mann und ich auch.

Erzieherin: Uns fällt an Mirijam aber auch auf, daß sie Schwierigkeiten hat, zusammen mit den anderen Kindern zu spielen. Sie ist noch sehr scheu und zurückhaltend. Auch wenn einmal Fremde in die Gruppe kommen, wie beispielsweise unsere neue Praktikantin, zieht sich Mirijam zurück und ist nicht bereit, einen weiteren Kontakt aufzunehmen.

Mutter: Ja, ich war als Kind auch immer sehr schüchtern, und ich erinnere mich, daß viele Erwachsene mich als ein wenig sonderlich bezeichneten. Mirijam ist da so ähnlich, wie ich früher war. In die Schule wollte ich überhaupt nicht gehen, obwohl ich damals schon über sechs Jahre alt war.

Erzieherin: Für sie ist diese Zeit noch sehr in Erinnerung.

Mutter: Ja, es war schrecklich, zumal ich beim besten Willen nichts ändern konnte.

Erzieherin: Sie haben als Kind sehr unter der Situation gelitten.

Mutter: Ja, später habe ich dann Leistung gebracht, um von den anderen anerkannt zu werden.

Erzieherin: Leistungen sind damals für Sie sehr wichtig geworden.

Mutter: Ich denke, daß ich Mirijam vielleicht auch helfen kann, mit ihrer Schüchternheit umzugehen, indem ich ihr ermögliche, Leistungen zu bringen.

Erzieherin: Sie sind sehr besorgt um Mirijam und hoffen, daß Sie ihr helfen können, indem sie möglichst früh zur Schule gehen kann.

Mutter: Ja, so habe ich es mir überlegt.

Erzieherin: Wenn ich Mirijam so beobachte, befürchte ich, daß die Schule sie im Augenblick sehr viel Kraft kosten wird. Denn Mirijam muß sich beim Schulantritt neu auf den Lehrer und die Klasse einstellen. Auch im Schulhof geht es nicht so behütet zu wie bei uns im Kindergarten. Mirijam wird in der Schule wieder zu den Jüngsten gehören. Dazu kommt, daß Mirijam sich außerdem noch mit den Anforderungen im Unterricht auseinandersetzten muß. Meiner Meinung nach wäre es für Mirijam günstiger, noch ein Jahr länger zu warten, um sich noch ein wenig mehr zu stabilisieren. Hier im Kindergarten hat sie auf jeden Fall mehr Freiraum dazu, als in der Schule und wir können im Kindergarten viel individueller auf Mirijam eingehen, als dies in der Schule möglich ist.

Mutter: Ja, meinen Sie? Da muß ich nochmal mit meinem Mann darüber reden.

Erzieherin: Ich denke, daß es für Mirijam nicht so wichtig ist, auch im Kindergarten im Leistungsbereich gefördert zu werden, da sie ja in dieser Beziehung überhaupt keine Schwierigkeiten hat. Vorrangig wichtig ist es nach meiner Meinung, daß Mirijam Vertrauen zu sich entwickelt und lernt, auch einmal auf andere zuzugehen und im Laufe der Zeit ihre Ängste ein Stück weit mehr abbauen kann.

Mutter: Ja, vielleicht haben Sie da recht.

Erzieherin: Ich kann mir denken, daß es für Mirijams Selbstwertgefühl zuträglich ist, daß sie jetzt im Kindergarten zu den „Großen" zählt und merkt, daß sie schon viel mehr kann und weiß als die jüngeren Kinder.

Mutter: Ich werde es mir nochmal überlegen

Erzieherin: Ja, tun Sie das. Es war mir sehr wichtig, mit Ihnen darüber zu sprechen, was uns im Kindergarten aufgefallen ist, damit Sie auch unsere Bedenken in Ihre Überlegungen und Ihre Entscheidung miteinbeziehen können. Ich danke Ihnen, daß Sie sich die Zeit für das Gespräch genommen haben.

Auswertung des Gesprächs

In diesem Gespräch ist deutlich geworden, wie wichtig es für die Mutter war, daß die Erzieherin nicht nur sachlich argumentiert hat, sondern auch auf ihre Gefühle eingegangen ist.

Auch wenn die Erzieherin inhaltlich eine andere Meinung im Bezug auf die Einschulung von Mirijam vertritt, hat die Mutter zu keinem Zeitpunkt das Gefühl, daß ihr die Erzieherin Vorwürfe macht oder sie belehren möchte. Das Eingehen auf die Gefühle der Mutter macht es möglich, daß diese sich öffnen und über ihre eigentlichen Gründe sprechen kann, durch die sie sich veranlaßt fühlt, Mirijam schon so früh zur Schule anzumelden.

Wichtig bei dem Gespräch ist auch, daß die Erzieherin sich in ihrer Arbeit nicht durch die Mutter angegriffen fühlt, als diese sagt, Mirijam sei im Kindergarten unterfordert.

Sie geht, ohne zu bewerten, auf die Gefühle und Bedenken der Mutter ein und äußert sich anerkennend über Mirijams Wissen. Ohne die Mutter dabei abzuwerten, eröffnet sie jedoch auch noch andere Aspekte, die für die Einschulung von Mirijam von Bedeutung sind, indem sie jetzt sachlich ihre Beobachtungen beschreibt. Im Anschluß daran geht sie auf die Gefühle

ein, die die Mutter als Mädchen wegen ihrer Schüchternheit
hatte. Auf diese Weise gelingt es, in der Mutter die Bereitschaft
zu wecken, nochmal mit ihrem Mann zusammen die Entscheidung hinsichtlich Mirijams Schuleintritt zu überdenken. Sie ist
auch jetzt bereit zu akzeptieren, daß Mirijam im Leistungsbereich keine Unterstützung von seiten des Kindergartens braucht,
sondern das Ziel des letzten Kindergartenjahres für Mirijam
darin besteht, mehr Selbstbewußtsein aufzubauen und besser in
der Gemeinschaft mit anderen zurechtzukommen.

Wesentlich ist auch, daß die Erzieherin nicht versucht, die
Mutter hinsichtlich der Einschulung Mirijams unter Druck zu
setzen. Es ist in der Beraterrolle sehr wesentlich, sich immer
wieder klar zu machen, daß die Eltern die Entscheidungen für
ihr Kind zu treffen haben und sie auch die Verantwortung
dafür übernehmen müssen. Erzieherinnen können beraten, ihre
Beobachtungen mitteilen und sachlich richtig informieren. In
der Verantwortung der Eltern liegt es jedoch, welche Entscheidung sie letztendlich treffen wollen.[16]

5.3 Anregungen für die Gestaltung von Elternabenden zum Thema: „Gestaltung der pädagogischen Arbeit im letzten Kindergartenjahr"

Elternabende können sehr dazu beitragen, Eltern die pädagogische Arbeit im Kindergarten zu verdeutlichen und ihnen zu erklären, daß im Kindergarten in Wirklichkeit viel geschieht und
gelernt wird, auch wenn dies den Eltern auf den ersten Blick
nicht immer so erscheinen mag.

Auch wenn sich im Laufe der Jahre die Fragen der Eltern
wiederholen, müssen wir uns im Kindergarten ständig bewußt
machen, daß es ja immer wieder neue Eltern sind, die sich mit
den Gedanken um die Einschulung ihres Kindes auseinandersetzen. Insofern brauchen Erzieherinnen oftmals viel Geduld

---

[16] Ausführliche Hilfen für Beratungs- und Konfliktgespräche finden Sie in: Monika Bröder, Gesprächsführung im Kindergarten, Freiburg 1993

und Überzeugungskraft in der Elternarbeit im letzten Kindergartenjahr.

Eltern haben in dieser Phase häufig große Schwierigkeiten, den Wert und die Bedeutung der pädagogischen Arbeit im Kindergarten zu verstehen, wenn Kinder am Ende eines Kindergartentages nicht nachweisbare Produkte mit nach Hause bringen. Wenn Eltern dann noch bei den Kindern nachfragen, was sie den ganzen Tag über gemacht haben und öfters die Antwort „nichts" erhalten, kann dies verständlicherweise zu einer gewissen Ratlosigkeit führen.

Eltern sind darauf angewiesen, daß die Erzieherinnen ihnen helfen, die Arbeit im Kindergarten zu verstehen, weil sie dies von allein nicht können, wenn sie beim Bringen der Kinder nur kurz in den Gruppenraum sehen und allenfalls am Ende eines Kindergartentages noch etwas von den Aktivitäten im Kindergarten mitbekommen. Für Erzieherinnen stellt sich deshalb immer wieder die Frage, wie sie ihre pädagogische Arbeit den Eltern transparent machen und so verdeutlichen können, daß der Kindergarten bestmöglich auf die Schule vorbereitet, ohne dabei deren Aufgaben und Methoden vorwegzunehmen.

Die folgenden Anregungen für die Gestaltung von Elternabenden zum Thema „Die pädagogische Arbeit im letzten Kindergartenjahr" wurden von Erzieherinnen in der Praxis erfolgreich erprobt und können deshalb auch Anregungen für die Leserinnen und Leser dieses Buches sein.

Wichtig ist jedoch, daß der Elternabend immer auf die Situation und die Bedürfnisse der Eltern zugeschnitten und auch für die Erzieherinnen stimmig sein muß. Es gibt verschiedene Möglichkeiten, Eltern an einem Elternabend die Arbeit im Kindergarten ein Stück weit verständlich zu machen.

Eine Möglichkeit besteht darin, daß Eltern im Kindergarten einmal die Möglichkeit bekommen, sich aktiv mit dem Spielmaterial auseinanderzusetzen.

Beispiel 1:

In einem Kindergarten wurde ein Elternabend zum Thema „Die pädagogische Arbeit im letzten Kindergartenjahr" folgendermaßen durchgeführt:

Die Eltern sollten ein Spielzeug, das sie selbst als Kinder hatten, mit-
bringen. Eltern, die kein Spielzeug mehr von früher besaßen, konnten
sich im Kindergarten ein Spielzeug aussuchen, was sie als Kind besonders angesprochen hätte.

Anschließend wurden den Eltern Dias gezeigt, und die Erzieherinnen erklärten den Eltern an Hand der Bilder, wie die pädagogische Arbeit im Kindergarten gestaltet wird.

Die Eltern gaben sich gegenseitig an diesem Elternabend im Gespräch
miteinander viele wichtige Denkanstöße.

Es wurde viel gesprochen über ihr eigenes Spielverhalten als Kinder
und die Bedingungen, die Eltern selbst als Kinder erlebt hatten, im
Unterschied zu den Bedingungen, unter denen Kinder heute aufwachsen. Durch die Reflexion eigener Kindheitserfahrungen fiel es den Eltern leichter, den situationsorientierten Ansatz im Kindergarten auch
mit Blick auf die Schule nachzuvollziehen und zu verstehen.

Eine andere Möglichkeit, mit Eltern über deren Kindheit ins Gespräch zu kommen, ist die Meditation, die auf den Seiten 28f. dargestellt wurde, oder ein Gespräch, das sich auf Grund von vorgegebenen
Fragestellungen entwickeln kann.

Welche Form der Gestaltung eines Elternabends gewählt wird,
hängt immer davon ab, wie die Elterngruppe einzuschätzen ist und
mit welcher Form wir uns selbst am besten identifizieren können.

Beispiel 2:

Ziel dieses Elternabends war es, den Eltern erfahrbar zu machen,
daß Kinder im Umgang miteinander und im gemeinsamen Tun
Wesentliches lernen, auch wenn das Ergebnis nach außen nicht
in voller Tragweite sichtbar wird. Die Eltern sollten erfahren,
daß Spielen keine Zeitverschwendung ist.

In einem Kindergarten teilten sich die Eltern in drei Kleingruppen auf.
In einer Kleingruppe wurde ein Gesellschaftsspiel angeboten, eine
Gruppe sollte in der Bauecke einen Turm bauen und eine andere mit
Wasserfarben ein gemeinsames Bild malen.

Im Anschluß an die Kleingruppenarbeit fand in der Gesamtgruppe
ein Erfahrungsaustausch statt. Die Eltern hatten zu ihrer eigenen Ver-
wunderung die Erfahrung machen können, wieviel Aufmerksamkeit
und Ausdauer notwendig sind, um gemeinsam einen Turm zu bauen
oder ein Bild zu malen. Ebenso erkannten die Eltern, daß die Kinder
bei diesen Aktivitäten Absprachen treffen müssen, die Ideen der ande-

ren gelten lassen müssen und dabei auch darauf zu achten haben, selbst nicht zu kurz zu kommen. Bei dem Gesellschaftsspiel kamen manche Eltern an die Grenzen ihrer Frustrationstoleranz und erkannten, wieviel Kraft es kosten kann, im Spiel ein guter Verlierer zu sein.

Zusammenfassend kann man sagen, daß die Eltern an diesem Elternabend die Erfahrung machen konnten, daß die eigentlich wichtigen Erfahrungen nach außen nicht sichtbar geworden sind und daß Kinder bei ihren Aktivitäten viel mehr lernen, als „nur" einen Turm zu bauen, ein Bild zu malen oder ein Gesellschaftsspiel zu beherrschen. Die Eltern machten durch ihr eigenes Tun die Erfahrung, daß Lernen nicht nur in nachweisbaren Produkten sichtbar wird, sondern sich im Kindergartenalltag ständig vollzieht, ohne daß nach außen etwas präsentiert werden muß. Weiter erkannten die Eltern, daß Kinder im gemeinsamen Spiel wesentliche Voraussetzungen für den künftigen Schulerfolg erwerben können wie Ausdauer, motorisches Geschick, Einfallsreichtum, das Auspendeln eigener Vorstellungen mit den Vorstellungen und Ideen der anderen, Frustrationstoleranz und die Fähigkeit, sich sprachlich zu artikulieren.

Beispiel 3:

Eine gute Möglichkeit, Eltern die pädagogische Arbeit im Kindergarten transparent zu machen, besteht darin, ihnen ein Projekt, das gerade im Kindergarten zusammen mit den Kindern durchgeführt wird, am Elternabend vorzustellen.

Dabei ist es sinnvoll, nicht nur über das Projekt zu sprechen, sondern Eltern auch zu Aktivitäten, wie sie die Kinder tagsüber durchführen, einzuladen.

In einem Kindergarten war beispielsweise das Thema „Geister" für die Kinder hochaktuell. Es wurden Geschichten dazu vorgelesen, Musikgeschichten durchgeführt (vgl. S. 110 ff.), Geistermarionetten hergestellt und vieles mehr.

Der Elternabend stand nun unter dem Motto: „In unserem Kindergarten spukt es." Angeregt und neugierig durch die Erzählungen der Kinder, kamen die Eltern schon gespannt in den Gruppenraum und ließen die Umgestaltung des Raumes in ein Gespensterschloß auf sich wirken.

Dann bekam der eine Teil der Eltern die Aufgabe, aus wertlosen Materialien und weißen Stoffresten Geister herzustellen. Der andere Teil der Gruppe beschäftigte sich im Nebenraum damit, eine Geisterstunde mit Orffinstrumenten zu kreieren. Nach etwa einer Stunde

kamen die Eltern wieder zusammen und führten sich unter großem
Gelächter gegenseitig ihre Ergebnisse vor.

Im Anschluß daran sprachen die Eltern über ihre Erfahrungen aus
der Kleingruppenarbeit. Allen Eltern hat der Elternabend großen Spaß
gemacht, und durch das gemeinsame Tun war ein Gemeinschaftsgefühl in der Gruppe entstanden. Eine Idee hatte sich aus der anderen
entwickelt, so daß zum Schluß eine bunte Vielfalt verschiedener Geister und eine ausgesprochen spannende und gruselige Geisterstunde
entstanden waren. Die Eltern hatten an diesem Elternabend die Erfahrung machen können, daß viel gute Ergebnisse erzielt wurden, weil
alle mit Freude und Engagement bei der Sache waren und sich gegenseitig mit Ideen bereichert hatten.

Praxisanregungen aus den Bereichen: Klang – Rhythmik – Bewegung

Der folgende Teil des Buches beschreibt praktische Beispiele aus den Bereichen Musik, Bewegung, Rhythmik und Bildnerisches Gestalten. Sie werden nicht losgelöst voneinander behandelt, sondern immer wieder miteinander verknüpft und kombiniert. Dabei liegt der Schwerpunkt ganz bewußt auf der Kombination von Musik und Bewegung, weil die Kinder so – neben den vielfältigsten Möglichkeiten zu experimentieren – ebenso ihren Bewegungsdrang auch bei beengten Platzverhältnissen ein Stück weit ausleben können.

Viele Erzieherinnen berichten in ihren Kursen immer wieder, daß sie besonders in den Wintermonaten Schwierigkeiten haben, dem Bedürfnis der Kinder nach Bewegung Rechnung zu tragen. Großer Lärm und allgemeine Unruhe in der Gruppe machen Schlechtwettertage häufig zu einer sehr anstrengenden und kräftezehrenden Zeit.

Im entwicklungspsychologischen Teil des Buches wurden typische Merkmale sechsjähriger Kinder herausgearbeitet und dargestellt. Dazu zählten unter Berücksichtigung individueller Unterschiede der große Wissensdurst der Kinder, ihr Bewegungsdrang, das Bedürfnis nach feinmotorischer Betätigung, das Bedürfnis, die Welt kennenzulernen und zu entdecken und das Bedürfnis, Neues zu erfahren und auszuprobieren.

Alle Ideen und Anregungen versuchen dem Entwicklungsstand Rechnung zu tragen und die Kinder altersgemäß und ganzheitlich zu fördern. Wie bereits beschrieben, geht es dabei nicht um die Vermittlung von abfragbarem Wissen oder das Erlernen von Techniken innerhalb eines bestimmten Zeitraumes. Im Mittelpunkt steht immer das Kind selbst mit seinen speziellen Wünschen und Bedürfnissen und alters- und entwicklungsgemäßen Fähigkeiten.

Kinder lernen in ihrem eigenen Tempo und Rhythmus. Freude und Motivation, Neues auszuprobieren, sind ausschlaggebend für die Teilnahme an Projekten oder sonstigen Aktivitäten im Kindergarten.

Alle praktischen Beispiele sind von Erzieherinnen mit Kindern erprobt worden und als Anregung zu verstehen, die je nach Stand der Gruppe und den Interessen der Kinder auch in veränderter Form oder nur ausschnittweise aufgegriffen werden können. Sie dürfen nicht als Rezepte mißverstanden werden, denn was in der einen Gruppe gut bei den Kindern ankommt, kann möglicherweise bei einer anderen überhaupt nicht auf Interesse stoßen. Die Gestaltung eines Themas ist immer ein lebendiges Wechselspiel zwischen Erzieherinnen und Kindern.

Die dargestellten Beispiele können in Projekte eingebunden oder selbst zum Ausgangspunkt für Projekte werden. Genauso ist es möglich, Ideen situativ in der Gruppe einzusetzen und je nach Interesse der Kinder zu verändern.

Vielleicht laden einige der dargestellten Beispiele die Leser und Leserinnen dieses Buches ein, selbst wieder neugierig zu werden und Neues entdecken zu wollen. Die eigene Begeisterung und Freude steckt die Kinder an und weckt bei ihnen Motivation zum eigenen Tun.

Sämtliche Anregungen stehen beispielhaft für Aktivitäten, die den Kindern große Freiräume zur Gestaltung eigener Ideen ermöglichen.

Sie sind in erster Linie für Kinder im letzten Kindergartenjahr gedacht.

Wie schon im Vorwort beschrieben, sind nicht alle Kinder eines Alters auch auf dem gleichen Entwicklungsstand. Deshalb können auch jüngere Kinder an anspruchsvollen Aktivitäten teilnehmen, wenn sie von ihrer Entwicklung her dazu in der Lage sind. Es ist daher gerade in der altersgemischten Gruppe sinnvoll, nicht nur das Lebensalter sondern auch das Entwicklungsalter der Kinder zu berücksichtigen.

Alle in diesem Buch erwähnten Musikbeispiele sind im Quellenverzeichnis aufgelistet.

Die Bedeutung des improvisierten Spiels

Die musikalischen Bereiche lassen sich, ausgehend vom ganzheitlichen Erleben der Kinder, nie exakt voneinander trennen. Es hängt von vielen Faktoren ab, was sich aus einer Grundidee entwickelt.

Dementsprechend wurde auch im folgenden praktischen Teil keine deutliche Trennung nach bestimmten unterschiedlichen musikalischen Aktivitäten vorgenommen.

Der Leitgedanke aller musikalischer Aktivitäten, die in den einzelnen Kapiteln näher beschrieben werden, ist durchgehend, das sechsjährige Kind in seiner Gesamtheit zu betrachten und die ihm von Natur und Entwicklungsstufe gegebenen Kräfte zu nutzen und zu fördern.

Nach Lilli Friedemann ist eine dieser Kräfte der *Spieltrieb*, der bei diesen Kindern immer notwendig zur Übung seiner gesamten Kräfte dient. Beim gemeinsamen Musizieren kann der Spieltrieb zugleich auf vitaler, sinnlicher und geistiger Ebene befriedigt werden. Darüber hinaus können musikalische Spiele auf Kinder mit verhältnismäßig schwach ausgeprägtem Spieltrieb lösend und aktivierend wirken.

Die *Phantasie* ist im Kind noch unverhüllter, d. h. vorbehaltlos und spontan vorhanden und im musikalischen Bereich noch relativ wenig eingeengt. Die Entwicklung der Phantasie ist grundlegend für die geistige Entwicklung eines Menschen und kann den Grundstein für selbständiges, kreatives Denken legen.

Auf der anderen Seite ist der *Nachahmungstrieb* ebenso stark ausgeprägt, so daß es gilt, phantasievolles eigenständiges Tun mit Vorgaben durch die Erzieherin in ein gesundes Verhältnis zu bringen.

Die Freude an *Klängen und Geräuschen* sowie die Freude an *Rhythmus* und Melodie sind bei Kindern dieser Altersstufe in hohem Maße vorhanden. Klänge wirken unmittelbar auf Phantasie und Emotion der Kinder, machen sie ausgesprochen erfinderisch und regen sie immer wieder an, gemäß ihrem starken *Bewegungstrieb* den gesamten Körper einzusetzen.

Was Kindern dieser Altersgruppe jedoch sehr fern liegt, ist die *Abstraktion* in jeder Form. Insbesondere das Erlernen der

Notenschrift würde Sechsjährige unnötig überfordern und die
Spontanität und Lust am aktiven Tun hemmen. Kinder erfahren musikalische Ereignisse mit allen Sinnen und musizieren
zugleich mit dynamischer, rhythmischer, klanglicher und tona-
ler Gesetzgebung.[17]
Die Hauptkonzentration dieses Teils des Buches richtet sich
deshalb auf das improvisierte Spiel in möglichst vielen musikalischen Bereichen.
Voraussetzung für jegliche musikalische Aktivität ist aber
das bewußte Erleben von akustischen Reizen und die Auseinandersetzung mit ihnen. Ohne den Hörsinn wäre eine solche
Wahrnehmung nicht möglich.

6.1 Die akustische Umwelt unserer Kinder

Kinder sind heute schon vom Babyalter an einer oft lauten,
geräuschdichten Umgebung ausgesetzt. Lärm und Geräusche,
die beispielsweise durch vielerlei technische Elektrogeräte im
Haushalt und Straßenverkehr, auf Baustellen sowie durch
Flugzeuge oder Maschinen verursacht werden, umgeben uns
ständig. Fernsehen, Radio, Videogeräte oder Kassettenrecorder
sind in nahezu allen Haushalten selbstverständlich.

Somit nehmen Erwachsene und Kinder im Grunde ständig bewußt, aber ebenso unbewußt Klänge, Töne und Geräusche jeglicher Art wahr, und es fällt schon so manchem erwachsenen
Menschen schwer, das wissen wir sicher auch aus eigener Erfahrung, bestimmte Geräusche gezielt aus einem steten Geräuschpegel herauszufiltern und sich darauf zu konzentrieren.
Auch Kinder kostet es Kraft, unter Lärm über einen längeren
Zeitraum ausdauernd bei einer Sache zu bleiben.
In unserer heutigen Gesellschaft wird die visuelle Wahrnehmung weitgehend überbetont. Das Hörorgan hingegen
ist ein ganz elementarer Sinn, der zur allgemeinen Orientie-

---

[17] vgl. Friedemann, 1971

rung des Menschen im Leben als wichtiger bewertet wird als das Sehen. Ein Blinder ist in der Lage, seine Defizite mit der intensiven Förderung und Schulung anderer Sinne auszugleichen, ein Hörgeschädigter jedoch kann diesen Sinn kaum ersetzen. Er ist in seiner Ganzheit durch die vom gesamten Umfeld erzeugten und von ihm nicht wahrnehmbaren Geräusche sowie durch das wichtige fehlende Kommunikationsmittel Sprache im Kontakt zu anderen Menschen und zu seiner Umwelt isoliert.

Allein der Versuch, sich einmal für ein paar Stunden die Ohren zu verstopfen und den Alltag quasi taub zu bewältigen, ist eine ungeheuer beeindruckende Erfahrung und ermöglicht, selbst zu erleben, welch wichtige Bedeutung der Hörsinn für uns hat. Eine absolute Stille kann zwar mit solchen Ohrstopfen nicht erreicht werden, denn die Geräusche der Umwelt dringen immer noch gedämpft an unser Ohr. Es werden aber in dieser vermeintlichen Stille andere Geräusche wahrnehmbar, denen wir sonst keine große Beachtung schenken, wie das eigene Atmen, das eigene Herzklopfen, das helle Pfeifen des Windes, das Ticken des Weckers und vieles mehr.

Zur Veranschaulichung empfiehlt es sich, eine solche Übung nicht nur an sich selbst, sondern auch einmal mit Kindern im Kindergarten durchzuführen.

Solche Wahrnehmungen, d. h. das Ausschalten bzw. Ausblenden von umgebendem Lärm, sind allerdings in unserer lauten Gesellschaft kaum noch möglich, da der konstante Lärmstreß die Menschen stark gefangen nimmt. Gerade deshalb ist ein Bewußtwerden unseres akustischen Umfeldes und eine Sensibilisierung des Gehörs von großer Bedeutung.

Eine ständig auf den Menschen einwirkende Geräuschkulisse kann schnell zu einer Überreizung und Nervosität führen oder Aggression hervorrufen.

Auf der anderen Seite kann konstanter Lärm zur Gewohnheit werden, den es zu übertönen gilt, um überhaupt selbst verstanden zu werden – eine Situation, die auch im Kindergarten nur allzu oft eintritt. Wird Lärm zu etwas Normalem, so desensibilisiert sich das Gehör automatisch, um sich zu schützen.

Infolgedessen fällt es uns um so schwerer, Geräusche zu differenzieren.

Nach ihrem letzten Kindergartenjahr sind die Kinder in der Schule zu all den anderen Aufgaben und Erwartungen, die an sie gestellt werden, zusätzlich Lärm und Unruhe ausgesetzt. Dadurch werden Konzentration, Zuhören, Stillsitzen usw. erschwert. Latent vorhandener Lärm kann eine regelrechte Abstumpfung hervorrufen.

Es gibt eine Menge kleiner Spiele und Übungen, mit denen die Konzentration gefördert werden kann, indem die Kinder gezielt auf Hörereignisse achten und diese konkret umsetzen müssen.

Musik wird jedoch häufig nur zur Ablenkung, Unterhaltung oder Entspannung neben einer anderen Tätigkeit eingeschaltet, dient also nur der Untermalung. Bewußtes Musikhören und bewußtes Hören ganz allgemein jedoch sind eigenständige, aktive Tätigkeiten, bei denen das Gehör, und nur das Gehör, als einer unserer fünf Sinne betätigt und angeregt wird.

Die Erfahrungsberichte von Erzieherinnen bestätigen eine zunehmende Tendenz der Eltern, ihren Kindern schon so früh wie irgend möglich ein breites Spektrum an Aktivitäten anzubieten, um ihnen für ihr zukünftiges Leben alles „Wichtige" mit auf den Weg zu geben. Häufig führt dies jedoch zu Überreizung und weniger wäre mehr. Dies gilt ebenso für den akustisch musikalischen Bereich.

Das bewußte Kennenlernen und Auseinandersetzen mit Alltagsgeräuschen ist ein grundlegendes Fundament, Kinder grundsätzlich für Musik zu öffnen. Es gibt eine Menge Möglichkeiten, akustischen Phänomenen spielerisch auf die Spur zu kommen, wie beispielsweise das Experimentieren mit Alltagsgeräuschen.

6.2 Klangexperimente mit dem Kassettenrecorder

Der Kassettenrecorder lauscht

Mit einem Kassettenrecorder wird der Geräuschpegel im Kindergarten aufgenommen, z. B. frühmorgens, wenn die Kinder kommen, sich begrüßen, ihr Spielzeug suchen, frühstücken oder draußen herumtoben.

Dieses Geräuschewirrwarr wird den Kindern vorgespielt. In der Regel sind die Kinder erst einmal völlig überrascht und können möglicherweise die Geräusche noch gar nicht zuordnen. Teilt man ihnen jedoch mit, bei welcher Gelegenheit der Kassettenrecorder „gelauscht" hat, sind sie oft sehr erstaunt über den Krach. So nach und nach, bei genauem Hinhören, kristallisieren sich Stimmen und bekannte Töne heraus und bei guter Konzentration werden die Kinder sich selbst oder bekannte Gegenstände wiedererkennen.

Wir lauschen selbst mit dem Kassettenrecorder

Darauf aufbauend kann nun als Aufgabe gestellt werden, selbst einmal mit dem Kassettenrecorder die die Kinder umgebende Umwelt aufzunehmen wie beispielsweise den Lärm auf der Straße, die Geräusche in der Küche, den Krach im Hobbykeller zu Hause beim Basteln, den Lärm des Rasenmähers usw.

Wir erfinden neue Geräusche

Erweiternd dazu lassen sich die Kinder auch erfahrungsgemäß sehr leicht begeistern, erfundene Geräusche und Töne mit dem Mund, dem Körper oder irgendwelchen alltäglichen, bekannten Gegenständen herzustellen. Werden diese mit einem Kassettenrecorder aufgenommen, kann so ein kleines Ratespiel entstehen.

Zusammenfassung:

Bei allen aufgeführten Beispielen, die um viele Ideen erweitert und bereichert werden können, sind die Kinder in vielerlei

Hinsicht gefordert. Sei es die Konzentrationsfähigkeit, das bewußte Zuhören, das Zusammenarbeiten mit anderen, die Phantasie zum Erfinden von Geräuschen und Geräuschmachern und nicht zuletzt das Kennenlernen von Klängen und Geräuschen, die sie bis dahin noch nicht kannten oder zuordnen konnten.

Auch das Bedienen eines Kassettenrecorders, das sicher auch heute noch nicht alle Kinder dieses Alters beherrschen, kann ihnen dadurch nahegebracht werden. Medien aller Art gehören heute zum Alltag der Kinder, und es ist deshalb sinnvoll, daß sie sich bereits im Kindergarten damit auseinandersetzen.[18]

Das übergeordnete Ziel, bewußtes Hören zu erleben, kann auf vielfältigste Weise weiterführend vertieft werden.

Bei allen anschließend beschriebenen Spielen steht das Hören im Vordergrund, sie sind aber ebenso dazu geeignet, Stille zu schaffen und zu erleben.

Die leicht veränder- und ausbaubaren Spiele können in manchen unruhigen Situationen, die im Kindergarten immer wieder auftreten, dazu beitragen, innere und äußere Ruhe oder gar absolute Stille herbeizuführen, die Kinder neu gefangen zu nehmen und sich zu sammeln.

Die meisten dieser Spiele sind außerdem in irgendeiner Form auch mit dem Einsatz des Körpers verbunden. Insbesondere bei mehrsprachigen Gruppen, die wir in der heutigen Zeit immer häufiger erleben, tritt hierbei die Sprache als Kommunikationsmittel in den Hintergrund, und die Musik wird zum verbindenden Moment. Die 5–6jährigen Kinder sind gemäß ihrer Entwicklung durchaus in der Lage, die geforderte Konzentration, Kooperation und Sozialverhalten aufzubringen. Musik wird ganzheitlich erlebt, das heißt, mit allen Sinnen.

Das Kind erlebt ganzheitlich, das heißt, das elementare Instrument, das einem Kind zur Ausübung all seiner Sinne zur Verfügung steht, ist zunächst einmal sein eigener Körper. Hier bietet

---

[18] vgl. Sylvia Näger, Medienerziehung im Kindergarten, Freiburg ²1995

sich ein großes Feld an Möglichkeiten, die Kinder spielerisch zu sensibilisieren, sie für Hören von Musik im allgemeinen zu begeistern und es ihnen als ein befriedigendes Tun nahezubringen.

Insbesondere die Kinder im letzten Kindergartenjahr sind, wie an den entwicklungspsychologischen Merkmalen aufgezeigt wurde, ausgesprochen wissensdurstig und neugierig. Ihre kognitiven Fähigkeiten erlauben ihnen, sich über einen längeren Zeitraum mit Gehörtem auseinanderzusetzen und es zu verbalisieren. Natürlich darf man auch hier die Kinder nicht überfordern, und vieles hängt von der jeweiligen Situation und den Kindern selbst ab, bzw. wird dadurch bestimmt.

Folgende Beispiele sollen Anregungen geben, wie bewußtes Hören und Erleben von Klängen, Tönen, Geräuschen, Krach, Musik oder sonstigen akustischen Ereignissen in spielerischer Form praktiziert werden kann.

6.3 Rhythmus- und Wahrnehmungsexperimente mit dem gesamten Körper

Körpertippen

Ein Kind erhält ein Rhythmusinstrument und setzt sich mit dem Rücken vor die Erzieherin. Diese tippt mit dem Finger einen bestimmten, anfangs noch sehr einfachen Rhythmus auf die Schulter des Kindes. Das Kind soll nun diesen Rhythmus „erfühlen" und ihn dann auf seinem Instrument nachspielen. Besonders geeignet sind hierfür Trommel, Klangstäbe, Holzblocktrommel, Instrumente also, die kurze klare und nicht nachschwingende Klänge erzeugen.

Bei dieser Übung entsteht wie von selbst konzentrierte Ruhe, denn die Kinder erfahren, daß es nur so möglich ist, den Rhythmus genau aufzunehmen.

Gleichzeitig stellt sie eine gute Rhythmusschulung dar, die nicht nur über das Gehör, sondern auch über das Fühlen funktioniert.

Stille Post

Dieses weithin bekannte Spiel kann erweitert werden, indem sich alle Kinder in einer Schlange hintereinandersetzen und ein Rhythmus, wie bei der „Stillen Post" weitergegeben wird. Das letzte Kind schlägt den empfangenen Rhythmus auf seinem Instrument. Sehr schnell erkennen die Kinder, ob der vorgegebene Rhythmus auf seinem Weg verloren ging oder erhalten blieb.

Tonleiterhüpfen

Intensives Zuhören ist auch hier gefordert. Wir brauchen dazu eine einfache Haushaltsleiter. Die Erzieherin oder auch die Kinder selbst singen oder spielen z.B. auf dem Glockenspiel unterschiedlich hohe Töne. Ein Kind steigt auf die Leiter und versucht die Tonfolgen „nachzuklettern", bei einem hohen Ton also aufwärts und bei einem tieferen Ton abwärts zu steigen. Hierbei kommt es nicht darauf an, exakt die Töne wiederzuerkennen oder gar zu benennen, sondern vielmehr überhaupt ein Gefühl für unterschiedliche Tonhöhen zu entwickeln und diese auch in Bewegung umzusetzen. Dies fällt vielen Kinder oft noch schwer, durch das Spiel an der Leiter sind sie jedoch stark motiviert, und eine Sensibilisierung des Hörsinnes findet eher nebenbei statt.

Eine ganz einfache parallele Übung zur Unterscheidung von hohen und tiefen Tönen ist, daß die Kinder sich bei hohen Tönen aufrecht stellen und bei tiefen Tönen in die Hocke gehen.

Galoppierende Pferde

Das intensive Erleben von Dynamik kann mit folgendem Spiel sehr gut nachvollzogen werden:

Ungefähr ein Viertel einer größeren Kindergruppe sitzt in engem Kreis dicht beieinander, die Gesichter nach außen gewandt. Die restlichen Kinder knien in einem Kreis um die anderen herum, mit den Gesichtern nach innen. Die Kinder aus der Mitte schließen nun die Augen und dürfen ein tolles Hörereignis erwarten.

Die Kinder des äußeren Kreises beginnen nach verabredetem Zeichen nacheinander mit den flachen Händen vor sich auf den Boden zu trommeln. Ein Kind beginnt, und nach und nach kommt ein weiteres im Kreisverlauf hinzu. So wandert das trommelnde Geräusch im Kreis umher, wird lauter und immer dichter. Ist das Trommeln einmal herumgelaufen, hört das erste Kind wieder auf und die anderen folgen nacheinander.

Diese Spielform wird zunächst mehrere Male geübt werden müssen, um den aufeinanderfolgenden Einsatz zu beherrschen und damit eine deutliche Zunahme der Lautstärke hörbar wird. Die Kinder müssen sich gut mit Gestik und Mimik verständigen und kooperieren, um den in der Mitte lauschenden Kindern den dabei entstehenden, räumlichen Höreffekt zu erschließen.

Erfahrungsgemäß haben die aktiven wie auch die hörenden Kinder gleichermaßen Spaß an diesem Spiel. Die Zuhörenden lassen sich schnell einfangen von dem wandernden Getrappel, das sie, so berichteten die Kinder häufig, an eine Horde wild galoppierender Pferde erinnerte. Die aktiven Kinder hingegen können sich so richtig austoben.

Auch hierbei gibt es natürlich viele Abwandlungsformen, die wiederum andere Assoziationen hervorrufen. Sei es durch andere Geräusche mit dem Körper, wie Klopfen, Tippen oder Streichen auf dem Boden sowie dem Einsatz von Schlaginstrumenten oder der Stimme (beispielsweise Summen).

Dieses Spiel könnte auch umgekehrt von der Darstellung eines ganz bestimmten Tieres ausgehen und dadurch bestimmt werden. Beispielsweise: „Huschende Mäuschen, tanzende Holzpuppen, schleichende Katzen oder hüpfende Vögel". Allein durch die Wahl des Themas ergibt sich immer wieder eine neue spannende Variante.

Die Kinder sind im Ausdenken solcher Varianten sehr erfinderisch, wenn sie die Begeisterung erst einmal gepackt hat. Mit Sicherheit werden die Erzieherinnen gemeinsam mit den Kindern eigene, immer wieder neue Gestaltungsformen finden.

Das Spiel eignet sich besonders für die Sechsjährigen, da es einiger Übung bedarf, bis der gewünschte Höreffekt deutlich wird. Kleinere Kinder haben dafür noch nicht die nötige Ausdauer.

Glocken unterhalten sich

Dieses Spiel verspricht ein aufregendes und zugleich sehr intensives Hörerlebnis. Die Kinder sitzen mit der Erzieherin in einem
engen Kreis. Die Erzieherin erzählt eine phantasievolle Geschichte von vielen verschiedenen Kirchen in einer großen Stadt.
Dort gibt es große und kleine, laute und leise Glocken aus unterschiedlichem Material, und alle haben einen unterschiedlichen
Klang. Die Klangvarianten werden mit der Stimme erst einmal
ausprobiert, d. h. die Umsetzung in Silben, wie beispielsweise
„Ding-Dong, Bing-Bong, Bimmelim, Bim Bamm" usw., sowie
die verschiedenen Tonhöhen, wie beispielsweise tief brummende,
helle und schrille oder dreiklangähnliche Tonfolgen, mit denen
Glockenklänge typisch nachgeahmt werden können.

Die kleine Geschichte über die Glocken könnte folgendermaßen erzählt werden:

„Mitten in den Bergen, eingebettet in einem wunderschönen Tal, liegt
die Stadt Glockenhausen. An einem frühen Morgen, es ist noch nicht
einmal richtig hell, da wacht das kleine Glöckchen einer Bergkapelle
plötzlich auf, und kann einfach nicht mehr einschlafen. Es langweilt
sich sehr, da in der Stadt überhaupt noch nichts los ist. So fängt es einfach an, ein bißchen hin und her zu bimmeln. Es entsteht ein zarter
heller Ton. Dadurch wird endlich ein anderes Glöckchen im Tal geweckt. Dieses baumelt in dem Turm einer großen Kirche mitten in der
Stadt. Es bekommt Lust, sich mit dem ersten Glöckchen zu unterhalten und bimmelt eine Antwort. Die beiden unterhalten sich eine
Weile, und das Echo schallt durch die Berge leise zurück. Immer mehr
Glocken werden wach und mischen sich in das Gespräch ein. Nun
wird es zunehmend lauter und turbulenter, manche Glocken fangen
plötzlich sogar an sich zu streiten und donnern einfach laut dazwi-
schen. Eine große brummige Glocke wird aus ihrem schönen Schlaf
gerissen, beschwert sich jetzt über den Lärm am frühen Morgen und
schimpft mit lautem Getöse. Da schaltet sich die schrille Friedhofs-
glocke ein und versucht für Ruhe zu sorgen. Plötzlich meldet sich die
große alte Domglocke und bemüht sich, mit tiefen schwingenden Tönen den Streit zu schlichten. So manches vorlaute Glöckchen will immer noch keine Ruhe geben. Nach und nach kehrt jedoch Ruhe ein,
alle Glocken vertragen sich wieder und läuten einträchtig zusammen.
So entwickelt sich aus dem chaotischen Durcheinander ganz allmählich ein harmonisches Miteinander.

Für den Spielverlauf empfiehlt es sich, eine Geschichte dieser
Art als Einstimmung zu erzählen. Dann schließen die Kinder
die Augen und lassen die Geschichte nur vor ihrem geistigen
Auge passieren und warten, wie sich das Glockengeläut entwickelt. Ein beliebiges Kind wird sich als erstes trauen, leise
Glockenklänge zu summen und erfahrungsgemäß dauert es
nicht lange, bis sich andere Kinder stimmlich dazu gesellen.
Natürlich muß nicht jedes einzelne Kind nur einen Glocken-
klang übernehmen, sondern kann je nach spontaner Idee mit
anderen Klängen dazukommen und immer wieder neue Klänge
ausprobieren.

Der Reiz dieses Spiels besteht darin, daß sich jede Variante
neu gestaltet und jedes Kind Sender und Empfänger zugleich
ist. Immer jedoch entwickelt sich ein Miteinander, das durch
Agieren (Stimmen) und Reagieren (Hören) bestimmt wird.
Eine Kommunikation findet also nur über konzentriertes
Hören auf der einen Seite und das stimmliche Nachahmen auf
der anderen Seite statt. Sehr häufig ergibt es sich während des
Spiels, daß die Kinder beim Klang der Glocken nicht starr im
Kreis sitzen bleiben, sondern durch das gemeinsame Klingen
und Summen eine Wiegebewegung der Körper im Kreis entste-
hen kann.

Jedes Glockengespräch aber verläuft individuell unterschiedlich, und auch die Atmosphäre und die Stimmungen, die dabei
entstehen, sind immer wieder anders. Deshalb empfiehlt es
sich, das Spiel mehrmals zu wiederholen, was auch meist dem
Wunsch der Kinder entspricht. Anfangs sind die Kinder häufig
kaum in ihrer Begeisterung zu bremsen und „läuten" begeistert
drauf los. Erst allmählich erfahren und erhören die Kinder, daß
Pausen auch hier wichtig sind, um ein gedrängtes Stimmengewirr zu vermeiden. Außerdem wird das Hörerlebnis damit in-
tensiviert.

Ein Einsatz von Orffinstrumenten, wie Schellen, Glöckchen,
Zimbeln, Becken, Triangel u.ä., oder anderer Klangerzeuger,
wie ein Windspiel aus Ton oder ein Essensgong beispielsweise,
anstelle der menschlichen Stimmen, lassen sich als Variante
ebenfalls praktizieren.

Bienenschwarm

Dieses Spiel lebt einerseits von der Bewegung im Raum, anderseits von dem Zusammenklang der Stimmen.

Die Kinder verwandeln sich in summende Bienen und „schwirren" im Raum umher. Immer, wenn sich zwei Bienen begegnen, summen sie sich zur Begrüßung zu. Sie beginnen schon beim ersten Augenkontakt leise zu summen, werden laut, wenn sie auf gleicher Höhe sind, und wieder leiser beim Auseinandergehen.

Auf diese Weise entsteht in den unterschiedlichsten Tonhöhen ein Stimmengewirr, das tatsächlich an einen Bienenschwarm erinnert. Die Kinder sind aufgefordert, bewußt verschiedene Lautstärken einzusetzen und ein Feingefühl dafür zu entwickeln. Es erweist sich auch als sinnvoll, gelegentlich je einem Kind die Möglichkeit zu geben, dem Spiel passiv zuzuschauen und zuzuhören. Der Höreindruck ist vom Rande des Geschehens ein völlig anderer.

Hier ließe sich zur Erweiterung und Veranschaulichung auch gut der „Hummelflug" von Rimsky Korssakoff einsetzen.

Musikalische Geschichten – ein Weg zum aktiven Musikhören

Wenn Musik in Verbindung mit Geschichten auftritt, lassen sich die Kinder für viele musikalische Erscheinungsformen begeistern. Wie Kinder zu einem solchen Interesse an Musik hingeleitet werden können, soll im folgenden anhand von detailliert beschriebenen Beispielen aufgezeigt werden.

Erzieherinnen, die an unseren Fortbildungskursen teilgenommen und die im folgenden Abschnitt erklärten Spiele miterlebt haben, bestätigten, daß sie durch die eigene Erfahrung mit diesen Spielen plötzlich unterschiedlichster Musik ganz anders begegnen konnten. Sie entwickelten eine völlig neue Begeisterung für das Musikhören, die rhythmische und melodische Umsetzung, wie auch für Musik allgemein. Die eigene entdeckte Motivation und Begeisterung ist im Grunde die einzige Voraussetzung. Die Sechsjährigen stehen erfahrungsgemäß jeglichen Musikstilen recht aufgeschlossen und vorbehaltlos gegenüber. Sie kennen eine Menge Kinderlieder, moderne Hits und gegebenenfalls auch die eine oder andere klassische Musik aus den Medien oder auch durch aktives Musizieren in der Familie. Sie beginnen sehr früh, unterschiedliche Musikstile aufzunehmen. Dies sind gute Voraussetzungen, die Kinder auf musikalische Erscheinungsformen aufmerksam zu machen und nicht Konsumverhalten zu unterstützen, sondern sie zur bewußten und kritischen Auseinandersetzung mit Musik anzuregen.

Es gibt viele Formen, die sich bewährt haben, damit der Umgang mit Musik für Kinder zu einem lebendigen Erlebnis wird:

- mit Kindern über das Gehörte sprechen;
- Kindern ganz bestimmte Höraufgaben stellen, die es zu lösen gilt;
- Musikstücke miteinander vergleichen;

- auffallende Merkmale herausstellen;
- Kinder erzählen lassen, welche Gedanken, Bilder und Geschichten ihnen zur Musik einfallen;
- Stimmungsbilder von Kindern malen lassen;
- eigene musikalische Geschichten erfinden und umsetzen;
- tänzerische Bewegungsformen dazu finden.

Nachfolgend werden konkrete Beispiele für Musikgeschichten aufgeführt und in ihrer Durchführung und Ausübung genau beschrieben. Sie möchten Anregungen geben und Mut machen, sich einmal anders auf Musik einzulassen, ohne daß dabei besondere Vorkenntnisse notwendig sind.

7.1 Programmusik

Musikalische Geschichten gibt es in der klassischen wie auch in der modernen Musik in großer Zahl, sie sind häufig die Grundlage für viele Musikstücke. Die exakte Bezeichnung dafür ist „Programmusik" und bedeutet, daß ein Komponist eine Musik nach einem vorgegebenen Programm, also einem Thema oder einer Geschichte schreibt. Typische Beispiele dafür sind:

- „Moldau" von Friedrich Smetana,
- „Carneval der Tiere" von Camille Saint-Säens,
- „Hummelflug" von Rimsky Korssakoff,
- „Vier Jahreszeiten" von Antonio Vivaldi,
- „Peter und der Wolf" von Serge Prokofieff,
  womit nur wenige bekannte genannt sind.

Hierbei haben sich die Komponisten zur Aufgabe gemacht, Tiere, Landschaften, Stimmungen oder Geschichten in musikalische „Bilder" umzusetzen. Wenn man sich einmal ganz bewußt solch einer Musik zuwendet, die Augen schließt und sie auf sich wirken läßt, wird man erfahren bzw. er-„hören", wie Klänge, einzelne Töne, Harmonien, Disharmonien, Dynamik und Rhythmen es vermögen, Bilder vor dem geistigen Auge entstehen oder Stimmungen aufkommen zu lassen. So dient die Musik nicht mehr nur ausschließlich der Unterhaltung oder

Zerstreuung, sondern wird zu einer persönlichen Phantasiereise, die der Zuhörer für sich ganz allein unternimmt.

„Die Moldau" – eine Wegbeschreibung

Am Beispiel „Moldau" läßt sich das sehr anschaulich, auch für Kinder nachvollziehbar verdeutlichen. Als Hinführung eignet sich ein gemeinsames Gespräch mit den Kindern, eventuell ergänzt mit Bild- und Textmaterial, über die Entstehung eines Flusses, die Landschaft an seinen Ufern, die in diesem Land lebenden Menschen, ihre Kultur und Eigenschaften. So kann man sich stückchenweise an die Sinfonie herantasten oder umgekehrt durch die Sinfonie weitere interessante Themen mit den Kindern erschließen.

Die „Moldau" von Smetana ist eine Sinfonie, die den Weg des großen tschechischen Flusses von seiner Quelle bis zur Mündung beschreibt. Beginnend mit leisen, leicht modulierenden Tönen fällt es nicht schwer, an ein kleines sprudelndes Rinnsal zu denken, das aus der Erde entspringt, sich langsam zu einem kleinen Bach entwickelt und allmählich zu einem großen breiten Fluß wird. Das berühmte Motiv ertönt erst leise und zaghaft, wird massiver, lauter, je größer der Fluß wird. Es folgt eine musikalische Wegbeschreibung der Moldau durch Wälder, Berge und Landschaften bis hin zur goldenen Stadt „Prag".

Um diese Musik mit Kindern zu erarbeiten, eignet sich die Version „Das Kinderkonzert – Die Moldau", bei der ein Sprecher (Lutz Lansemann) den Verlauf des Flusses im Zusammenklang mit der Musik in malerischer Sprache beschreibt. Diese Version ist anschließend im Wortlaut wiedergegeben, um eine Umsetzung mit der Kindergartengruppe zu erleichtern:

„Die Moldau ist ein Fluß. In einem Fluß fließt Wasser. Das Wasser ist immer in Bewegung. Es gibt Strömungen und Wellen. Die Moldau fließt durch die Tschechoslowakei.

Ein Fluß fängt an der Quelle an. Die Quelle ist sein Geburtsort. Dort sprudelt aus der Erde plötzlich Wasser heraus. Die Moldau wird auf einem Berg in einem Wald geboren. Die Gegend heißt Böhmer Wald. Durch das Laub spritzen die Wassertropfen und bilden ein kleines Rinnsal. An einer anderen Stelle glitzert noch ein Rinnsal und gesellt sich zu dem ersten. Noch eine Quelle; die Moldau hat zwei Quellen. Bis die Moldau also ein richtiges kleines Bächlein geworden ist, sprudeln und spritzen die Wassertropfen der ersten Quelle zu einem Rinnsal, das andere Rinnsal der zweiten Quelle stolpert und springt dann dazu.

Das klare Wasser des Bächleins hüpft über die Steine den Berg hinunter und wird zu einem richtigen kleinen Bach. Der Bach wird zu einem Flüßchen. Das Flüßchen hat schon einen tiefen Graben geschaufelt und hat schon richtig Kraft; die kleine Moldau fließt. Das Flüßchen wird ein Fluß. Der Fluß fließt die Berge und Hügel hinunter.

Die Moldau hat sich einen Weg gebahnt und fließt durch die böhmischen Wälder. An Laubbäumen und an Tannenbäumen vorbei, Rehe und Füchse und Hasen trinken an ihrem Ufer.

In einem Wald, durch den die Moldau fließt sind plötzlich Jagdhörner zu hören. Im Moldauwald ist Jagd. Die Jäger geben sich mit ihren Jagdhörnern Signale. Die Hasen und Füchse und Rehe hauen schnellstens ab. Die Hunde hinter ihnen her. Die Jagd ist zu Ende.

Die Moldau ist durch den Wald hindurch geflossen. Von Ferne hört man Musik. Eine Polka? Ein Dorf? In dem Dorf, an dem die Moldau vorbeifließt, ist Hochzeit. Ein Bauernmädchen und ein Bauernjunge heiraten heute. Es wird gefeiert, viel gegessen und viel getrunken und getanzt. Die Mädchen, die Jungen, Vater, Mutter, Oma und Opa tanzen Polka.

Die Hochzeitsgäste sind müde, die Sonne ist untergangen.

Die Moldau fließt still hinter dem Dorf vorbei und der Mond geht auf und spiegelt sich im Wasser. Es ist ganz still geworden, nur das Wasser, das im Mondlicht schimmert, rauscht leise in der Nacht. Auf dem glitzernden Wasser bewegen sich die Schatten der Wolken und die Schatten der Bäume. Sie tanzen leise auf den Wellen. Nymphenreigen, Wassernixen und Elfen.

Die Nacht ist vorüber, die Sonne geht auf. Sie strahlt ganz hell auf das Wasser der Moldau, die wie nach einem erholsamen Schlaf erfrischt weiterfließt. Nun ist die Moldau ein richtig großer, erwachsener Fluß geworden. Sie fließt breit durch das Tal. An Bergen und Hügeln vorbei.

Steine und Felsen versperren dem Fluß den Weg. Das Tal wird enger, das Wasser muß sich einen Platz machen. Es staut sich und schwillt an. Immer schmaler wird das Flußbett, immer mehr Felsen kommen in die Quere. Aber die Moldau hat Kraft, das Wasser ist stark und schießt mit Getöse vorbei. Eine Stromschnelle, ein Wasserfall. Es rauscht und braust und tost durch die Felschluchten. Endlich ist der Weg frei, und der breite Strom Moldau fließt in die Ebene.

Die Moldau fließt an Feldern vorbei, an Wiesen, an Dörfern. Sie fließt an schönen Schlössern vorbei und alten Burgen. Die schönste Burg und die größte und älteste heißt „Vysehrad". Dort lebten in alten

Zeiten die Könige und die Burgfräulein. Der „Vysehrad" steht wie ein schönes Denkmal in der Landschaft, und die Moldau träumt von alten, ehrwürdigen Zeiten.

Nach der Burg „Vysehrad" fließt die Moldau mitten durch die Hauptstadt der Tschechoslowakei. Eine wunderschöne Stadt. Sie hat 400 alte Türme und Türmchen, viele alte und neue Brücken, die über die Moldau führen.

Die Stadt ist so schön, daß man sie das „goldene Prag" nennt. Viele Menschen, Musiker, Dichter, Maler haben Prag besucht und hinterher gesagt, es waren die schönsten Tage ihres Lebens. Durch diese Stadt fließt die Moldau hindurch.

Die Moldau verabschiedet sich von den Häusern der Stadt Prag, von den Kirchen, von den Türmen und Brücken. Sie verabschiedet sich von den Pragern und ihren Besuchern und fließt in die Ferne.

Ganz weit weg glitzert die Moldau wie ein Silberpapierstreifen und fließt irgendwo in die Elbe."

aus: „Das Kinderkonzert – Die Moldau", von Bedřich Smetana, erzählt von Lutz Lansemann, Cassette der RCA Schallplatten GmbH Hamburg, LC Nr. 0316

„Die Moldau" – umgesetzt in ein tänzerisches Theaterstück

Eine von vielen Möglichkeiten, den Fluß bzw. die Sinfonie zu gestalten, bietet der Einsatz einer durchsichtigen Plastikabdeckfolie. Eine weiche, möglichst nicht knisternde Plastikfolie kann das Wasser sehr treffend symbolisieren. Jetzt muß gemeinsam ein Plan entwickelt werden, wie das Bewegungsspiel verlaufen kann:

Einige Kinder halten die Folie mit den Händen fest, bewegen sie auf und ab und ahmen somit die Bewegung von Wellen und Wogen nach.

Andere Kinder übernehmen die Rolle der Bäume und Tiere im böhmischen Wald, durch den die Moldau fließt, indem sie diese pantomimisch nachahmen.

Die unverkennbare Melodie einer Polka erzählt von der Hochzeit am Moldauufer. Das tanzende Brautpaar und seine Gäste können mit einfachen Requisiten treffend dargestellt werden.

Ebenso die Steine, die sich der Moldau in den Weg stellen und einen engen Wasserfall verursachen, sind am donnernden lauten Getöse der Musik leicht erhörbar und entsprechend pantomimisch umsetzbar.

Bald wird das Bett der Moldau breiter, der Fluß fließt ruhiger, und die Sonne geht unter. Die Sonne, beispielsweise ein rundes gelbes Papier oder ein aus Pappmaché geformter Ball, hängt an einem Faden über dem Fluß und wird nun herabgezogen, um dem aufgehenden Mond Platz zu machen.

Untermalt von leiser und zarter Melodie erscheinen nun Elfen und Wassernixen und tanzen ihren nächtlichen Nymphenreigen über dem glitzernden Fluß. Mit Hilfe von bunten Chiffontüchern beispielsweise ließe sich das einfach bewerkstelligen. Die Tücher können an Fäden aufgehängt werden und so über dem Wasser „schweben", indem sie leicht bewegt werden.

Aber auch hier eignet sich die pantomimische Darstellung durch Kinder, die gerne in die Rolle der Elfen schlüpfen. Hierzu sind die bunten Tücher gut geeignet, die sich die Kinder umbinden oder sie in den Händen haltend bewegen.

Gegen Ende des Stückes kommt die Moldau an stolzen Burgen und Schlössern vorbei und fließt als breiter großer Fluß unter den Brücken der goldenen Stadt Prag hindurch. Auch hier sind den Darstellungsmöglichkeiten keine Grenzen gesetzt, um durch Pantomime, Bilder oder plastische Gebilde aus den unterschiedlichsten Materialien eine Kulisse herzustellen.

Das Aufregendste daran ist, zu beobachten, wie Kinder hier lernen zusammenzuarbeiten und sich gegenseitig bereichern, indem sie gemeinsam ihre Ideen hervorbringen und besprechen. Nur gemeinsam kann so ein Schauspiel gelingen.

Diese Form der Umsetzung ist zeitaufwendig und setzt eine gute Vorbereitung und Kooperation voraus. Wichtig ist, die Musik gut zu kennen, d. h., sie muß oft gespielt werden, und es muß mit den Kindern darüber gesprochen werden. Jedes weitere Lauschen läßt Neues entdecken.

In mehreren Kindergärten wurde ein solches Projekt mit Kindern im letzten Kindergartenjahr ausprobiert, und es ergaben sich immer wieder neue Darstellungs- und Umsetzungsformen. Jedes Schauspiel ist in seinem Charakter einzigartig, da es spontan in den Köpfen der Kinder entsteht, d. h. durch sie erdacht und gestaltet wird. Für die Umsetzung bietet sich hierbei ein fast unbegrenzter Freiraum für kreative Ideen.

Die vorgeschlagene Durchführung soll deshalb nur ein Anhaltspunkt sein, die zur Anregung und Erweiterung dienen kann.

„Die Moldau" – umgesetzt in eine handwerkliche Gestaltungsform

Das Projekt „Moldau" kann ebenso auch als rein künstlerisch-handwerkliche Aufgabe verstanden werden. Für diese Art der Durchführung ist es günstig, wenn ein speziell dafür vorgesehener Raum oder zumindest ein abgeteilter Platz im Gruppenraum zur Verfügung steht, der auch über einen längeren Zeitraum in Anspruch genommen werden kann. Je mehr Platz die Kinder benutzen können, um so freier und ausladender können sie ihre Ideen verwirklichen.

Um eine dreidimensionale Darstellung zu verwirklichen, benötigt man beispielsweise eine blau bemalte Tapetenrolle, blaue Müllsäcke o. ä., die den Fluß symbolisieren. Mit Hilfe von Tischen, Stühlen, Pappkartons o. ä. kann die Quelle auf dem Berg im Böhmer Wald aufgebaut werden. Nun können der Verlauf und das abwechslungsreiche Ufer der Moldau quer durch den Raum frei nach Ideen und Möglichkeiten gestaltet werden, entsprechend der Beschreibung durch den Sprecher,

oder indem wir uns von der Musik führen lassen. Hierbei werden beispielsweise Dinge, wie Sonne, Mond, Elfen usw. an einem Faden von der Decke herab aufgehängt und verstärken auf diese Weise den räumlichen Effekt. Sämtliche Details können aber auch ausschließlich links und rechts der Tapetenrolle gemalt oder aufgebaut werden. Der Ausführung und Phantasie sind auch hier so gut wie keine Grenzen gesetzt.

So ganz allmählich wächst vor den Augen der Kinder eine Landschaft heran, in der sie sich selbst bewegen und die sie, von der Musik geleitet, in eigener Regie aufbauen.

Ist diese Landschaft nun so, wie sie den Vorstellungen der Kinder entspricht, kann das Projekt seinen Höhepunkt beispielsweise in einer kleinen Aufführung finden.

Dazu wird der Raum völlig verdunkelt, die Musik der Moldau beginnt zu spielen, und die Kinder beleuchten gleichzeitig mit einem hellen Licht (Taschenlampe) die entsprechende Stelle ihrer Moldau.

Diese Variante begeistert die Kinder ganz besonders und ist beispielsweise auch gemeinsam mit Eltern durchführbar oder kann als Vorführung bei einem Kindergartenfest zum Einsatz kommen.

„Die Moldau" – umgesetzt in malerischer Form

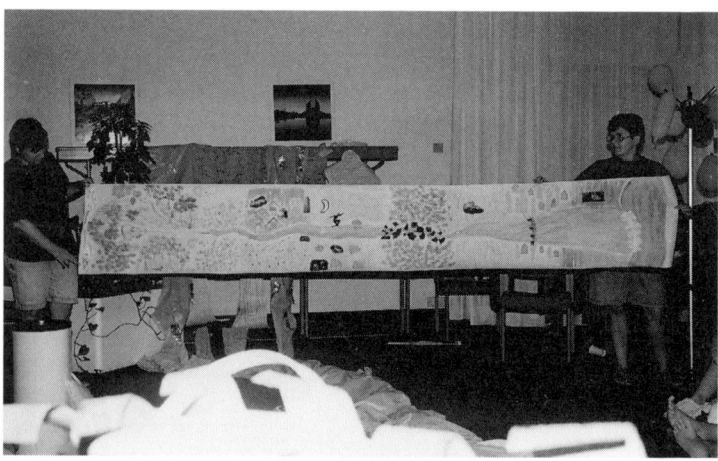

Auch in einem Kindergarten, der nicht über die dafür notwendigen Platzverhältnisse verfügt, kann die Moldau künstlerisch umgesetzt werden.

Dazu benötigt man lediglich eine mehrere Meter lange weiße Tapetenrolle und Wasserfarben. Von links nach rechts wird dann der Flußlauf und seine Umgebung phasenweise gemalt. Abschließend kann dann die Tapetenrolle gleich einer Filmrolle passend zur Musik „abgespult" werden.

Zusammenfassung

Die verschiedenen Formen der Umsetzung zeigen, daß die Bereiche Kunst, Handwerk und Musik niemals streng voneinander zu trennen sind, im Gegenteil, miteinander verschmelzen bzw. sich ergänzen können.

Die Erfahrungen mit Erzieherinnen in Fortbildungskursen wie auch mit sechsjährigen Kindern im Kindergarten haben gezeigt, daß jede „Moldau" zu einer ganz einzigartigen „Moldau" wird und das gemeinsame Tun zu einem besonderen Gruppenerlebnis.

Auf Letztgenanntes soll im folgenden noch näher eingegangen werden. Häufig zeigt sich nämlich, daß bei solch einer Gemeinschaftsaufgabe Konflikte innerhalb der Gruppe auftreten können, die in dieser Form bisher noch nicht in Erscheinung getreten waren.

Das kann beispielsweise damit beginnen, daß ein dominierendes Kind seine Ideen unbedingt durchsetzen will, die Gruppe sich aber nicht unterordnen möchte.

Ebenso gibt es stille zurückhaltende Kinder, die sich nicht trauen, sich in der Gruppe zu äußern oder zu agieren und wieder andere, die im künstlerischen Bereich große Ängste haben.

Auch die Entscheidung, welche Form der Darstellung gewählt werden soll oder wer welche Rollen übernimmt, kann zu Diskussionen führen.

Die Erzieherin kennt die Kinder gut und lange genug, um eine geeignete Form zu finden, bei der sie die individuellen Eigenarten der Kinder berücksichtigen kann. Wie auch immer der gruppendynamische Prozeß seinen Gang nimmt, kann das Projekt helfen, Besonderheiten einzelner Kinder aufzudecken und während des Tuns eventuell auftretende Konflikte gemeinsam zu lösen. Die Erzieherin kann zeitweise gut in die Beobachterrolle schlüpfen und eingreifen, wenn sie es für angebracht hält.

Insbesondere bei einer pantomimischen oder tänzerischen Umsetzung einer Musik ist die Zusammenarbeit der Gruppe genauso wichtig wie die Anweisungen durch einen „Regisseur". Wie schon differenzierter erläutert wurde (siehe Entwicklung) kann es zu Schwierigkeiten kommen, denn die Gruppenfähigkeit der sechsjährigen Kinder ist sehr unterschiedlich ausgeprägt.

Ein Unternehmen in dieser Art bietet Kindern vielfältige Möglichkeiten, ein Gemeinschaftsgefühl zu entwickeln, welches ihnen einen Rahmen bietet, durch gemeinsames Tun soziale Verhaltensformen zu üben. Besonders bei der künstlerisch handwerklichen Umsetzung ist es erforderlich, daß die Kinder über einen längeren Zeitraum bei einer Sache bleiben.

„Der Hummelflug" – in tänzerischer Umsetzung

Diese Komposition ist ein typisches Beispiel für Programmusik und daher für Kinder sehr ansprechend.

Ausschließlich mit den Streichern eines Orchesters wird das Ausschwärmen eines Hummelschwarmes musikalisch beschrieben.

Eine im folgenden kurz umrissene Inhaltsangabe soll beschreiben, welches Ereignis hier musikalisch „gemalt" wird. Wie im einzelnen jedoch eine „Hummelgeschichte" aussehen kann, hängt immer vom jeweiligen Zuhörer und seinen, in ihm entstehenden Assoziationen ab und kann daher stark variieren. Der wesentliche Kern bleibt dabei ja immer erhalten.

„Hummelgeschichte"

Zu Beginn hört man eine leise summende Melodie. Sie weckt spontan die Assoziation einer schwirrenden Hummel, die ihren Bau als erste verläßt, als ob sie nachschauen wollte, ob die Luft rein ist. Nach und nach trauen sich zaghaft weitere einzelne Geigenstimmen, sprich Hummeln, hinaus. Durch das stete An-

und Abschwellen der Tonhöhen und Lautstärken entsteht der Eindruck eines immer wilder werdenden Hummelschwarmes, der zum Angriff übergeht.

Ganz allmählich, nach dem erreichten Höhepunkt, beruhigt sich die Stimmung. Es wird leiser, die Klänge vereinzeln sich, die Hummeln fliegen friedlich in ihren Bau zurück.

Eine tänzerische Umsetzung dieses Musikstückes kann sehr unterschiedlich ausfallen. Eine von vielen Möglichkeiten, die wenig Aufwand und Vorbereitung bedürfen, ist auch hier der Einsatz farbiger Chiffontücher.

Alle Kinder halten in beiden Händen je ein Tuch, und schon sind ihnen die „Hummelflügel" gewachsen, und sie haben sich in Hummeln verwandelt. Entsprechend dem musikalischen Ablauf des Stückes beginnen die Kinder nun eine Geschichte zu tanzen. Die weitere Ausgestaltung der Geschichte erwächst durch ihre spontanen Ideen.

„Piccolo, Sax und Co" – ein tänzerisches Rollenspiel

Ein beliebtes, heute in vielen Kindergärten eingesetztes Beispiel für typische Programmusik ist das musikalische Märchen „*Peter und der Wolf*" von Serge Prokofieff.

In einer spannenden Erzählung werden die mitwirkenden Personen und Tiere von ganz bestimmten Instrumenten mit einem eigenen musikalischen Motiv dargestellt.

Um diese kleine Instrumentenkunde fortzusetzen oder zu vertiefen, eignet sich eine weitere musikalische Erzählung mit dem Titel: „*Piccolo, Sax und Co*". Diese Geschichte erzählt von zwei lustigen Gesellen, der Piccoloflöte und dem kleinen Saxophon, die sich mit ihrer jeweiligen Instrumentenfamilie auf große Fahrt begeben, um nach und nach alle Instrumente eines großen Orchesters kennenzulernen.

Dieses Hörspiel ist so motivierend gestaltet, daß es schnell durch bloßes Anhören erfaßt werden kann.

Es eignet sich aber ebenso für eine Umsetzung in Form eines Rollenspiels. Die Kinder stellen die Instrumente, d. h. ihre Haltung und Handhabung pantomimisch dar. Das ausgeprägte Bedürfnis der Kinder zur Nachahmung kann man sich als Erzieherin hierbei gut zunutze machen und die Kinder einmal selbst in die Rolle eines Orchestermusikers schlüpfen lassen. Die Auswahl an klassischen Musikstücken, in denen abwechselnd verschiedene Instrumente oder Instrumentengruppen spielen, ist riesengroß. Es bedarf nur ein wenig Zeit, um sich „einzuhören" und eine geeignete Auswahl zu treffen. Oft genügt es schon, gezielt in seiner Erinnerung an gelegentlich gehörte Musik zu stöbern und diese unter einem solchen Aspekt zu betrachten.

„Hornpipe" – wir spielen Orchester

Ein weiteres interessantes Musikstück ist die *„Hornpipe"* aus der *„Wassermusik"* von Händel.

Trompeten, Hörner und Streicher übernehmen hierbei abwechselnd einen Part, spielen mal allein (Solo) oder auch zusammen (Tutti).

Sind die Kinder schon ein wenig im bewußten, differnzierten Hören geübt und mit den Instrumenten eines Orchesters und deren Klangfarben vertraut, können sie leicht die Rolle der Musiker übernehmen. Die Musik wird abgespielt. Nun steht jeweils die Instrumentengruppe auf, die gerade zu hören ist und spielt pantomimisch, also lautlos im „Play Back" solange, bis die neue Instrumentengruppe erklingt. Jetzt sind die anderen an der Reihe. Dadurch kommt zusätzlich Bewegung und Leben in das Orchester.

Ein Kind übernimmt die Rolle des Dirigenten, indem es immer auf die spielende Gruppe deutet, und das Orchester ist komplett. Nach gemeinsamem mehrmaligem Hören wird die Musik immer vertrauter und prägt sich intensiv ein.

7.2 Frei erfundene musikalische Geschichten

Nachfolgend werden einige weitere musikalische Beispiele aufgeführt, die sich für eine ähnliche kreative und differenzierte Umsetzung mit Kindern eignen. Die Anregungen sind auch hier immer nur exemplarisch zu verstehen und motivieren vielleicht den einen oder anderen Leser bzw. Leserin im eigenen Plattenschrank zu kramen und dabei unerwartete Schätze zu finden. Nicht selten passiert es, daß man vor dem Schallplattenspieler oder Kassettenrecorder „kleben" bleibt und sich dabei erwischt, plötzlich neue, aber auch altbekannte Musik mit ganz anderen Ohren zu hören.

Musikkompositionen jeglicher Art können die kleinen und großen Zuhörer gleichermaßen in ihren Bann ziehen und in Phantasiewelten versetzen.

Es seien hier einige Beispiele für Musikgeschichten genannt, die während der Arbeit mit Kindern wie auch während Fortbildungskursen mit Erzieherinnen entstanden sind.

Konzentrationsfähigkeit, die Fähigkeit der differenzierten Wahrnehmung, Phantasie, Bewegung und Kreativität sind gleichermaßen angesprochen. Ein Interesse an Orchestermusik und Orchesterinstrumenten kann bei Kindern auf diese Weise leicht geweckt werden.

„Schmetterlingstanz"

Musik: „*Seguedilla*" aus „*Carmen*" von Bizet.

Diese sehr zarte, leichte Melodie weckte bei den Zuhörern und Zuhörerinnen die Assoziation von zarten Geschöpfen wie Feen oder Schmetterlingen. Zur pantomimischen Darstellung sind hier beispielsweise zwei farbige Chiffontücher geeignet, die die Kinder in beide Hände nehmen. Durch flatternde, schwingende Bewegungen ahmen sie damit den Flügelschlag von Schmetterlingen nach, die über eine schöne grüne Wiese fliegen und die bunten Blumen besuchen.

Schon ist eine Geschichte im Kopf der Kinder entstanden, die nun in tänzerische Bewegungsformen umzusetzen kein Problem mehr bedeutet. Meist ergibt sich der Ablauf ganz allein durch die Musik. Dies kann vereinfacht dargestellt folgendermaßen aussehen:

Musik	**Umsetzung**
Die Musik beginnt mit zarten Harfenklängen.	Die Kinder, die eine Blume darstellen, knäulen ein Chiffontuch ganz fest in beiden Händen zusammen. Die Schmetterlingskinder schlafen.
Zur Harfe gesellen sich leise Flötentöne.	Langsam öffnen sich die Hände, die Blumen wachsen, indem sich die Tücher auseinanderfalten. Die Schmetterlinge wachen auf.
Nun steigert sich die Dynamik der Musik, sie wird lauter und bewegter, und weitere Instrumente kommen hinzu.	Die Schmetterlinge bewegen ihre Flügel (Tücher in den Händen) auf und ab. Sie fliegen von Blume zu Blume und umkreisen sie. Die Blumen wiegen sich im Wind sanft hin und her.
Ganz allmählich schwillt die Musik wieder ab, sie wird leiser und langsamer und verliert sich in den zarten Tönen der Flöte und der Harfe.	Die Schmetterlinge werden langsamer, die Blumen werden müde, und nach und nach sinken alle Kinder auf den Boden und gehen wieder schlafen.

Geschichten zur Musik:
„In der Halle des Bergkönigs"

Dieses klassische Musikstück aus *„Peer Gynt"* von Edvard Grieg wurde auch von der Popgruppe „Apollo 100" mit modernen Instrumenten neu bearbeitet. Erfahrungsgemäß ist insbesondere diese Neubearbeitung eine sehr ansprechende Musik für Kinder unserer Altersgruppe.

Die Musik beginnt langsam und leise und steigert sich kontinuierlich in ihrer gesamten Dynamik. Durch Zunahme der Laut-

stärke und des Tempos wird eine sehr starke Spannung aufgebaut, die auf ihrem Höhepunkt endet.

Die Musik hat nicht nur auf Kinder eine sehr mitreißende
Wirkung und daher auch großen Aufforderungscharakter, sich
Geschichten dazu einfallen zu lassen und sich dazu entspre-
chend zu bewegen.

Bei der Umsetzung im Kindergarten hörten sich die Kinder die
Musik in entspannter Atmosphäre an, lagen dabei auf dem Boden und hatten die Augen geschlossen. Sie erhielten den Hinweis, beim Zuhören ihren aufkommenden Gedanken freien
Lauf zu lassen und sich vorzustellen, was für eine Geschichte
hier passiert. Die Assoziationen, die bei den Kindern aufkamen,
gingen von der Verfolgungsjagd eines erwischten Diebes über
eine schnaufende Lokomotive bis hin zu einem erwachenden
Riesen oder ängstlichen, von Katzen gejagten Mäuschen.

Um zu verdeutlichen, wie solche Geschichten aussehen können, sind im folgenden kurze Inhaltsangaben dieser Phantasiegeschichten aufgeführt, die als Grundlage für eine Umsetzung
im Kindergarten dienen können.

Besonderen Spaß macht den Kindern hierbei die pantomimische Darstellung des Inhaltes, eventuell sogar mit Kostümen
und passenden Requisiten.

In einem gemeinsamen Gespräch mit den Kindern wird
entschieden, welche Geschichte gespielt wird und wer welche
Rolle übernimmt.

Kinder haben ein ausgeprägtes Bedürfnis, Gedanken und Er-
lebtes in Bildern wiederzugeben, so daß sich hier zur besseren
Verarbeitung und Verdeutlichung anbietet, die Geschichten
von den Kindern bildnerisch auch darstellen zu lassen.

„Die Verfolgungsjagd"

Ein Einbrecher stiehlt sich bei Nacht leise und vorsichtig in ein fremdes Haus. Doch schon nach kurzer Zeit wird der Alarm ausgelöst, und
die Polizei kommt herbei. Noch hat der Einbrecher Vorsprung, aber
die Polizisten werden immer schneller. Sie flitzen durchs ganze Haus
und bleiben ihm dicht auf den Fersen. Sie kommen näher und näher,
und endlich überwältigen sie ihn und packen ihn am Schlafittchen. Es
ist geschafft.

Bei dieser Geschichte kann jedes Kind eine eigene Rolle über-
nehmen und ein kleines Drehbuch geschrieben werden. Ein
„Regisseur" gibt passend zur Musik den jeweiligen Einsatz der
„Schauspieler".

„Der Riese"

Ein gutmütiger Riese erwacht langsam aus seinem Schlaf, weil er sich
empfindlich gestört fühlt. Es kitzelt und juckt ihn mal hier, mal da. Er
kann nicht länger liegen, rappelt sich auf und stellt dabei fest, daß er in
einem Ameisenhaufen gelegen hatte. Die Ameisen planen wohl einen
Überfall auf ihn, denn sie krabbeln mittlerweile über seinen ganzen
Körper und pieken ihn. Der Riese rüttelt und schüttelt sich und läuft
Hals über Kopf aus seiner Felsenhöhle. Er rennt mit schweren Schritten den Berg hinunter in der Hoffnung, die Ameisen abzuschütteln.
Es geht bergab, und er wird immer schneller und schneller. Er schlägt
dabei wild um sich. Unten angekommen, bleibt er völlig erschöpft stehen, aber die Ameisen hat er Gott sei Dank unterwegs alle verloren.

Auch diese Geschichte läßt sich pantomimisch nachvollziehen,
wobei hier jedes Kind den Riesen mimt und auf seine Weise
darstellen kann.

„Die Lokomotive"

Eine klapperige alte Dampflok steht auf einem Abstellgleis und träumt
davon, noch einmal zu fahren. Sie schnaubt leise und bedächtig vor
sich hin und stellt freudig fest, daß sie noch etwas kann. Jubelnd legt
sie sich ins Zeug und rattert los. Erst gemächlich und vorsichtig, um
auch keine Schraube zu verlieren dann jedoch schnaubt sie los. Sie ist
überglücklich, aber auch übermütig. Sie wird schneller und immer
schneller, kann nicht mehr bremsen und landet direkt auf dem Eisen-
bahnschrottplatz. Das war ihre aufregendste, aber auch ihre letzte
Fahrt.

Die Geschichte der Lokomotive eignet sich hervorragend für
eine Gruppendarstellung, bei der jedes Kind einen Teil der Lokomotive übernimmt. Die Kinder stellen sich hintereinander
auf, halten die Hände angewinkelt am Körper, fassen mit den
Händen den Ellenbogen des Vordermannes und bewegen diesen gemeinsam in Kreisform. So entsteht der Eindruck von
gleichmäßig drehenden Rädern, die sich im Tempo der Musik

bewegen. Nun bewegt sich die „lebende" Lokomotive langsam und dann immer schneller werdend vorwärts. Am Ende fallen die Kinder in verschiedene Richtungen um, d. h., die Lokomotive fällt auseinander.

Bei dieser Umsetzung haben die Kinder keine eigene Rolle, sondern sind Teil eines Ganzen. Sie müssen dementsprechend zusammenarbeiten und aufeinander achten.

„Die Mäuschen"

Geschäftig krabbeln die kleinen Mäuschen in ihrer Höhle umher. Aber irgend etwas stimmt nicht. War da nicht ein gefährliches Fauchen zu hören? Eine Katze schleicht sich an. Das bedeutet Alarm! Die Mäuschen schauen sich ängstlich um und suchen einen Fluchtweg. Nun heißt es rennen! Die Katze hat die Fährte aufgenommen und jagt die Mäuschen über Tische und Bänke. Vor lauter wuselnden Mäusen weiß sie gar nicht, wohin sie zuerst laufen soll und dreht sich immer schneller im Kreis. Plötzlich fällt sie um; ihr ist schwindelig geworden, und sie hat die Orientierung verloren. Diese Zeit nutzen die Mäuse, um in ihr Versteck zurückzukehren.

Hierbei verwandeln sich die Kinder in krabbelnde Mäuse und eine Katze, die sich entsprechend ihrer Rolle auf allen Vieren fortbewegen.

Eine detailliertere Ausführung ist sicher nicht erforderlich und würde der Phantasie unnötige Grenzen setzen. Im wesentlichen sollte exemplarisch aufgezeigt werden, welche Ideen Musik freisetzen kann, welche Bandbreite sich mit Einsatz und Umgang klassischer Musik bietet und wie Kinder solcher Musik mit Begeisterung begegnen können.

Weitere Musikbeispiele:

Jedoch nicht nur in dem großen Bereich der Klassik finden sich Musikstücke, die Geschichten „erzählen". Viele moderne Komponisten haben sich ein bildnerisches Motiv oder eine Geschichte für ihre Musik zugrunde gelegt.

Es gibt eine große Bandbreite an Instrumentalmusik der unterschiedlichsten Komponisten und Interpreten der Moderne: sei es nun Andreas Vollenweider mit „Winds", der mit Harfe-

klängen zum Träumen einlädt, oder Sigi Schwab mit beispielsweise „Machu Pichu" oder „Silversand", der auf der Gitarre mit
südamerikanischer Rhythmusbegleitung von fernen Ländern
berichtet.

Ein zeitgenössischer Musiker namens Vangelis hat unzählige
Instrumentalstücke auf dem Synthesizer komponiert, die zum
Phantasieren anregen, ebenso Mike Oldfield mit seinen eher
folkloristischen Klängen.

Im Grunde kann jede/r, der/die mit offenen Ohren dem Radio lauscht, diese Liste beliebig erweitern.

Sehr häufig haben die o. g. Musiker als Ursprung eine Geschichte, einen Gedanken oder Gefühle zugrunde gelegt, aus
dem sich dann eine Geschichte, sprich Melodie, entwickelt
hat.

So gesehen können die unterschiedlichsten Klänge durch bewußtes Zuhören den Zuhörer in eine Phantasiewelt entführen.
Die Bereitschaft, diese auf sich einwirken zu lassen und den
aufkommenden Bildern und Gedanken freien Lauf zu lassen,
ist quasi die einzige Voraussetzung. Dies ist eine Fähigkeit, die
heute schon so mancher Erwachsene verloren hat, und um die
es schade wäre, würde sie unseren Kindern nicht zugänglich
gemacht.

Zusammenfassung

Es ist also durchaus kein riskantes Unterfangen, Sechsjährigen
unterschiedlichste Art von Musik von der Klassik bis zur Moderne anzubieten, sondern eher ein Abenteuer, auf das man sich
selbst als Erzieherin genauso einlassen und es somit auch als
eine persönliche Bereicherung erfahren kann. In den Fortbildungskursen zu diesem Thema haben die Teilnehmerinnen
überwiegend diese Erfahrung gemacht und empfanden sich
selbst anschließend stark motiviert, in den Bereich des aktiven
Musikhörens einzusteigen.

Mittlerweile ist auch das Angebot von Tonträgern enorm
vielseitig und umfangreich und dementsprechend vielleicht
manchmal erschlagend und irritierend. Es gibt ein großes, speziell auf Kinder zugeschnittenes Klassikangebot. Hier jedoch
besteht wiederum die Gefahr, das Kind zum reinen Hörkonsu-

menten zu erziehen, wenn nicht mit Bedacht und unter Vorarbeit ausgesucht wurde. Ein vorgefertigtes Musikwerk mit entsprechender exakter Erläuterung ist selten ein solches Erlebnis, wie die im Kopf zur Musik entstandenen und gespielten Geschichten.

Experimentieren mit Orffinstrumenten und anderen Klangerzeugern

Ein in üblicher Form ausgestattetes Orffinstrumentarium und ebenso selbstgebaute Klangerzeuger aus allen erdenklichen Materialien gehören sicherlich in jedem Kindergarten zur Ausstattung.

Selbstgebaute Instrumente können sein:
- mit Körnern, Nägeln oder Erbsen gefüllte Joghurtbecher, die als Rasseln eingesetzt werden;
- an Fäden aufgehängte Kronkorken;
- unterschiedlich lang abgesägte Rundhölzer, die an eingedrehten Schrauben aufgehängt und mit Klöppeln geschlagen werden;
- Rundhölzer, als Klangstäbe einsetzbar;
- leere Waschmitteltrommeln, die mit Pergamentpapier überspannt und als Trommeln benutzt werden;
- unterschiedliche lange Nägel, die mit Fäden an einer Holzleiste aufgehängt werden;
- Glühbirnen, die mit Pappmache überzogen werden, das Glas wird anschließend zerbrochen.

Diese Reihe läßt sich je nach Ideen und Material beliebig erweitern und ist schier unerschöpflich. Auch zweckentfremdete Töpfe, Deckel oder Kochlöffel können als Geräuschemacher gut verwendet werden.

Je nach den Räumlichkeiten, finanziell bereitgestellten Mitteln, Größe und Beschaffenheit des Kindergartens und nicht zuletzt nach Ausbildungsschwerpunkten der Erzieherinnen, werden insbesondere die Orffinstrumente in vielen Kindergärten nur selten eingesetzt. Oft fristen sie ein trauriges Dasein in irgendeiner Ecke des Kellers.

Wie uns in den Fortbildungskursen viele Erzieherinnen berichten, trauen sie sich nicht so recht an die Instrumente, im Glauben, nicht die Qualifikation zu besitzen, die sie für unerläßlich halten. Sehr häufig wird von den Erzieherinnen berichtet, daß sie sich für unmusikalisch halten und sie auch eine gewisse Scheu und Unsicherheit davon abhält, das Instrumentarium einzusetzen.

Es geht jedoch von diesen einfachen Schlaginstrumenten eine ganz besondere Anziehungskraft aus, die eine gute und zunächst einmal völlig ausreichende Grundlage für gemeinsames schöpferisches Tun ist. Der Umgang mit dem Orffinstrumentarium oder auch selbstgebauten Klangkörpern und körpereigenen Instrumenten wie Mund, Hände und Füße erfordert keine musiktheoretischen Kenntnisse. Mit einem bißchen Phantasie und Mut können diese Klangerzeuger auf sehr vielseitige und kreative Weise eingesetzt werden.

Im folgenden werden mit sechsjährigen Kindern erprobte Aktionen beschrieben, die dem Leser Mut machen und zum Experimentieren mit Orffinstrumenten und anderen Klangerzeugern motivieren möchten.

Hier sollen keine vorgefertigten Rezepte mit Erfolgsgarantie gegeben werden; modellhafte Beispiele hingegen möchten aufzeigen, wie mit rhythmisch-spielerischen Elementen die Sechsjährigen entwicklungsgemäße Fähigkeiten ausleben können.

Erster Kontakt mit dem Orffinstrumentarium

Eine ganz einfache Methode, erste Kontakte mit Schlag- und Rhythmusinstrumenten zu knüpfen, ist das gemeinsame ungezwungene Ausprobieren der verschiedenen Klangkörper. Allem voraus geht natürlich die Entdeckung, was man alles mit seinem Instrument anstellen kann und welche unerwarteten Klänge das jeweilige Instrument durch unterschiedliche Handhabung hervorzaubert. Als einzige Regel gilt, daß alles erlaubt ist, was dem Instrument keinen Schaden zufügt. Schnell entdecken die Kinder, daß jedes Instrument aus verschiedenen Materialien besteht und eine andere Form, Beschaffenheit, Größe und Handhabung aufweist. So können sich schon erste Instrumentengruppen finden.

Möglich wäre zunächst einmal eine Unterteilung in Holz- und Metallinstrumente. Auch diese Gruppen können noch weiter unterteilt werden in Instrumente mit hellen, lange nachklingenden Tönen wie Triangel und Becken, Zymbeln usw. oder die mit kurzen gleichbleibenden Klängen wie Holzblocktrommeln, Klangstäben, Kokosnußschalen oder Handtrommeln u. ä. Eine besondere Gruppe können die Melodieinstrumente wie Xylophon, Glockenspiel und Metallophon bilden.

Die Rasseln, Schellen, Tamburine und Glöckchen sind Instrumente, die einen eher diffusen Klang haben und deshalb zu einer eigenständigen Gruppe zusammengefaßt werden können.

Die Trommel beispielsweise kann man mit einem Schläger schlagen, mit der Hand oder den Fingerspitzen beklopfen oder darüber streichen. Die Triangel kann an einem Faden aufgehängt mit einem Metallstab angeschlagen werden und klingt sehr lange nach. Der Klang kann aber auch durch Berühren gestoppt werden. Wird die Triangel direkt in der Hand gehalten, ensteht ein kurzer gedämpfter Ton usw.

Wenn nun jedes einzelne Instrument und jede Instrumentengruppe ausprobiert wurde, was in der Regel erst einmal mit einem ziemlichen Krach verbunden ist, sehen auch die Kinder schnell ein, daß gewisse Grundregeln zu beachten sind, um ein gemeinsames Spiel entstehen zu lassen.

Meine vielen Namen

Die Kinder nennen ihre Vor- und Nachnamen. Jeder Name hat für sich einen ganz eigenen Rhythmus, den die Kinder durch gemeinsames Nachsprechen in der Regel schnell erkennen. Dieser Rhythmus wird nun durch das Schlagen eines Instrumentes, das im Kreis herumgegeben wird, verstärkt. Jedes Kind versucht, seinen Namen rhythmisch zu begleiten, während die anderen Kinder mitsprechen. Ist der Rhythmus gefunden, können die Kinder zunächst ganz leise dazu sprechen, solange, bis es ohne Sprache funktioniert. Es entstehen eigenständige Rhythmen, die sich voneinander unterscheiden oder auch gleichen können.

Je nach Ausdauer und Konzentrationsfähigkeit der Kinder ist dieses Namenspiel beliebig soweit ausbaufähig, daß die Kinder im Ratespiel an dem geschlagenen Rhythmus ihren eigenen

Namen oder den eines anderen Kindes wiedererkennen können.

Eine Variante dieses Spiels:
Die Kinder stehen in einem großen Kreis mit den Gesichtern nach innen gewandt. Sie werden nun aufgefordert, ihre Namen in Körperbewegung umzusetzen, bzw. entsprechend der Namenrhythmen Kopf, Arme, Hände, Beine und Füße, also den gesamten Körper mitgehen zu lassen und den typischen Rhythmus zu verstärken.

Ein Orchester improvisiert

Das Wichtigste, was wir dazu benötigen, ist ein Dirigent, der mit Dirigentenstock und Notenständer ausgestattet wird. Gemeinsam überlegen sich die Kinder, welche Funktion der Dirigent übernimmt und wie er sein Orchester organisiert. Die Musiker finden sich in Instrumentengruppen zusammen. Diese können nun nach Klangfarben, Material oder auch äußerer Beschaffenheit sortiert werden, je nach Ideen und Vorstellungen der Kinder. Außerdem müssen die Kinder gut verständliche Zeichen verabreden, nach denen gespielt werden darf. Diese Zeichen müssen keineswegs den in der Musik üblichen Handzeichen eines echten Dirigenten entsprechen.
Beispiel:

Finger auf den Mund legen	Leise spielen
Schnelle Auf- und Abbewegung der Hände	schnell spielen
Deuten auf eine Gruppe	Einsatz
Schnelles Zappeln der Finger	zarte, vereinzelte Töne
Arme nach oben	hohe, helle Töne
Arme nach unten	tiefe, dunkle Töne
usw.	

Zu Beginn gibt der Dirigent ein verabredetes Zeichen und kann nun frei improvisieren, indem er alleine bestimmt, wer mit welchem Instrument und wie spielen darf. So machen die Kinder durch das Ausprobieren Erfahrungen mit den Grundelementen der Musik wie „Tonhöhen", „Tempo", „Lautstärke" und „Dyna-

mik". Auch wird dabei nicht unbedingt eine Melodie oder Lied-
begleitung entstehen, das Drauflosspielen und Experimentieren
entwickelt sich häufig zu einem spannungsvollen Klangbild, und
das Ergebnis bietet jedes Mal erneut eine Überraschung.

Dieses Spiel erfordert sowohl bei dem „Dirigenten" als auch
bei den „Musikern" ein hohes Maß an Konzentration. Der „Dirigent" muß sich überlegen, was er möchte und wie er seine
Vorstellungen umsetzen und den „Musikern" verständlich machen kann. Die „Musiker" müssen aufpassen, was der Dirigent
ihnen vermitteln will, und dies auf ihr Instrument umsetzen.

Dieses „Dirigentenspiel" eignet sich u. a. für ein in der Gruppe
unterbewertetes Kind. Es kann hierbei eine Führungsrolle übernehmen, indem alle anderen Kinder sich nach seiner Regie verhalten müssen.

Eine erweiternde Variante ist, graphische Notationen zu entwickeln, nach denen gemeinsam gespielt werden kann.

Graphische Notationsformen

1. Ein starker lauter Ton wird immer leiser

2. Ein leiser Ton wird zunehmend lauter

3. Einzelne kurze Klänge werden immer lauter

4. Einzelne Klänge werden immer leiser

5. Ein Ton geht wie eine Sirene auf und ab

6. Lange und kurze Klänge wechseln sich ab

━━ ● ━━ ● ━━ ● ━━

Die angeführten graphischen Darstellungen sind beliebig veränderbar. Wesentlich ist, daß die Kinder sie verstehen und auf die Instrumente umsetzen können. Dies geschieht am einfachsten, indem das Blatt mit der graphischen Notation von einem Kind für alle Spieler sichtbar hochgehalten und dabei mit dem Finger der Notation nachgefahren wird. Die Kinder erfahren auf diese Weise spielerisch das Prinzip von Notationen überhaupt, daß also Gehörtes in Zeichen umgesetzt und so für alle verständlich gemacht werden kann – ähnlich dem Prinzip der Schrift, die sie später in der Schule erlernen müssen.

Während dieses lockeren Experimentierens begreifen die Kinder außerdem, daß nicht immer jedes Instrument ständig zum Einsatz kommen muß, sondern sogar eine Pause ein wichtiges Gestaltelement ist. Dies fällt den Kindern natürlich gerade am Anfang noch schwer, da die Experimentierfreude im Vordergrund steht und auch nicht so schnell gebremst werden sollte.

Sind die Kinder dann allerdings schon etwas mit dem Umgang der Instrumente vertraut, lassen sich bereits bekannte Lieder einfach rhythmisch begleiten. Hierbei müssen wir uns bewußt machen, daß nie ein perfektes Endergebnis erzielt werden muß, sondern das gemeinsame Erleben, das Ausprobieren, die Erfahrungen und nicht zuletzt die entstehende Freude am Tun bestimmend sind. Ideen, die die Kinder während des Agierens und Reagierens einbringen, werden immer miteinbezogen; die Erzieherin kann diese aufgreifen und weiterführen.

Kinder dieser speziellen Altersgruppe haben ganz besonders das Bedürfnis, am Geschehen nicht nur teilzuhaben, sondern aktiv mitzuwirken. Wenn eine harmonische Spielatmosphäre geschaffen ist, ist eine gute Basis vorhanden, kreativ zu werden und nicht nur nach Anweisungen zu handeln.

Es gibt einige einfache Lieder, die sich für den ersten Einsatz mit Orffinstrumenten eignen. Bei vielen dieser Lieder kann der Text entsprechend der vorhandenen Instrumente abgewandelt werden.

Instrumentale Begleitung bekannter Lieder

Folgende Lieder eignen sich besonders gut für eine instrumentale Begleitung (Quelle s. Anhang):

„Ich hab, was ich zum Leben brauch" (aus: „Ich gebe dir die Hände", Impulse Musikverlag, S. 17)

„Ich bin ein Musikante" (aus: „Schöne Lieder für Kinder" Humbold-Verlag, S. 92)

„Eine kleine Geige möcht' ich haben" (aus: „Schöne Lieder für Kinder" Humbold-Verlag, S. 94)

Die Texte können, sofern sie nicht schon über Instrumente berichten, einfach umgedichtet werden, indem die Textstellen mit Instrumentennamen besetzt werden.

Dies sind vereinzelt herausgegriffene Beispiele, die sich beliebig variieren und erweitern lassen. Bei allen Liedern können die Instrumente entsprechend den Textstellen zum Einsatz kommen. Erfahrene Erzieherinnen verfügen in der Regel über ein großes Repertoire an Kinderliedern, von denen viele für eine solche Umsetzung geeignet sind oder die textlich, wie oben schon erläutert, passend umgeschrieben werden können.

Sie eignen sich dazu, auf spielerische Weise mit den Instrumenten vertraut zu werden, ohne daß ein besonderes Können vorausgesetzt wird.

Wir spielen Radio

Liedbegleitungen kann man noch etwas spannender und interessanter gestalten mit folgendem Spiel:

Die Kinder singen ein ihnen bekanntes Lied und spielen dazu die Begleitung mit Orffinstrumenten. Jetzt stellen sie sich vor, sie selbst sind ein Radio, das spielt und an- und abgeschaltet werden kann.

Unter den Zuhörern gibt es Leute, die zuhören, andere die abschalten und wieder andere, die am Radio herumspielen und lauter und leiser stellen. Dazu benötigen wir entweder ein großes, altes Radio oder das schlicht gemalte Bild eines Radios.

Ein Kind spielt den Zuhörer, der am Radio herumspielt und mit den Händen deutlich zeigt, was er tut. Die übrigen Kinder „im" Radio verhalten sich entsprechend der Vorgaben. Sie singen und spielen leise, wenn der Knopf auf leise gestellt wird und werden lauter, wenn der Hörer lauter dreht. Spannend wird es dann, wenn der Zuhörer das Radio ausschaltet. Alle Musiker verstummen augenblicklich, müssen aber in Gedanken weitersingen und spielen. Denn schon bald schaltet der Hörer wieder ein und alle Akteure singen und spielen an der Stelle weiter, an der sie in Gedanken angekommen sind.

In aller Regel entsteht hier erst einmal ein großes Durcheinander und Gelächter. Takt, Tempo und Lautstärke gleichbleibend zu halten, ohne sie zu hören oder mitzuspielen, ist ein schwieriges Unterfangen und erfordert eine hohe Konzentration, ist aber umso eindrucksvoller, wenn es dann klappt.

Weitere Einsatzmöglichkeiten für Instrumente in spielerischer Form werden anhand folgender Beispiele näher erläutert.

Richtungshören

Dazu wählt man ein Instrument aus, das mehrere Lautstärkevarianten ermöglicht, wie z. B. die Triangel, das Becken, Trommel, Flöte oder eine Gitarre. Die Kinder sitzen auf dem Boden, schließen die Augen und lauschen. Die Erzieherin geht mit dem Instrument im Raum umher und schlägt es an. Die Kinder haben die Aufgabe, den erklingenden Ton mit den Ohren zu verfolgen und dabei mit der Hand in die Richtung zeigen, aus der der Ton kommt.

Am Anfang empfiehlt es sich, den Kindern Kontrollmöglichkeiten zu geben, indem sie die Augen öffnen und sehen ob sie richtig „hin"- gehört haben. Dann jedoch ist Blinzeln nicht mehr erlaubt, denn eine notwendige innere und äußere Ruhe kann sonst nicht einkehren.

Topfschlagen

Auch das allseits beliebte Topfschlagespiel läßt sich musikalisch
bzw. rhythmisch umsetzen. Das Kind, das mit verbundenen
Augen und einem Kochlöffel bewaffnet auf die Suche nach einem versteckten Gegenstand geht, wird mit Hilfe von Klängen
geführt. Je mehr sich das Kind dem Topf nähert, desto lauter
und schneller wird mit Instrumenten gespielt. Die Zusammenarbeit ist hier sehr wichtig, um das suchende Kind schnell zum
Ziel zu führen. Das suchende Kind muß genau hinhören und
ist auf das Zusammenspiel der anderen angewiesen.

Instrumentenklau

In einer großen Kiste befinden sich Instrumente oder geräusch-
verursachende Gegenstände. Gemeinsam werden diese Dinge
betrachtet und ausprobiert.

Ein Kind wird jetzt zum Dieb erklärt und darf versuchen,
einen Gegenstand zu entfernen. Dies muß allerdings völlig
geräuschlos vor sich gehen. Die anderen Kinder haben die Augen verbunden und müssen versuchen, den Augenblick des
Diebstahls und den Gegenstand selbst mit ihren Ohren zu ent-
larven.

Instrumentenraten

Die Kinder sind nach häufigerem Einsatz des Instrumenta-
riums recht schnell mit den Klangeigenschaften vertraut. Dementsprechend bieten sich auch musikalische Ratespiele an.

Einige Instrumente werden geheimnisvoll hinter einem Tuch
versteckt, jeweils ein Instrument wird angeschlagen und muß
erraten werden. Dazu muß es sehr still im Raum sein, denn
Konzentration ist gefordert.

Dem/der einen oder anderen Leser/in wird vielleicht schon
beim Lesen eine erweiternde Idee in den Sinn kommen. Die
Art und Weise der Ausführung ist auch nicht so maßgebend
wie vielmehr das gemeinsame, oft spannende Erlebnis selbst.
Die Erfahrung mit Kindern aus dem Kindergarten zeigt, daß
die Kinder spielerisch zunehmend sensibel werden für Hör-

bares und die allgemeine Wahrnehmung sich im Laufe der Zeit verfeinert.

Ebenso ist das Erleben von absoluter Stille eine Erfahrung, die Kinder oft gar nicht kennen und manchmal auch nur schwer aushalten. Das äußert sich in Herumalbern, Lachen oder Herumzappeln. Häufig ist also erst nach geraumer Zeit ein sogenannter Lerneffekt festzustellen, der Kindern einsichtig macht, daß viele gemeinsame Spiele nur mit Ruhe machbar werden.

Geräuschedosen

Mehrere Blechdosen werden mit unterschiedlichem Material gefüllt. Es eignen sich Erbsen, Klicker, Sand, Knöpfe, Reis, Salz o. ä. Nun werden die Dosen geschüttelt und die unterschiedlichen Klänge herausgehört. Die Aufgabe lautet, die Dosen mit verbundenen Augen anhand des Geräusches dem Inhalt zuzuordnen.

Untermalung von Bilderbuchgeschichten mit Klängen und Geräuschen

Ein weiterer beliebter Einsatz der Orffinstrumente und anderen Klangerzeugern ist das Untermalen von Geschichten aus bekannten Kinderbüchern.

Auch dies setzt weder für das Kind noch für die Erzieherin musikalische Fähigkeiten oder instrumentale Fertigkeiten voraus. Allein die Intuition und das Ausprobieren sind hier gefragt.

Jede Erzieherin kennt eine Fülle von besonders beliebten Kinderbüchern, aus denen sie auswählen kann. Wichtig ist eigentlich nur, daß die Geschichte viele Dinge beinhaltet, die Geräusche verursachen. Hier sind auch mit dem Mund und dem gesamten Körper erzeugte Geräusche angebracht.

Insbesondere für Tiergeschichten zeigen die Kinder eine große Begeisterung. Gemeinsame Absprachen, wann, wer, mit welchem Geräusch zum Einsatz kommt, müssen vor Inangriffnahme dieses Unternehmens getroffen werden. Diese können in Form eines Piktogrammes festgehalten werden und erleichtern die gemeinsame Umsetzung.

Das Bilderbuch: „Ungeheuerlich"[19]

Zur Veranschaulichung folgt ein mit Kindern erarbeitetes Beispiel:

Das ausgewählte Bilderbuch ist eine Phantasiegeschichte über einen kleinen Drachen.

Buchtext	Piktogramm	Umsetzung
Wie an jedem Morgen sitzt Anna am Frühstückstisch und kaut schläfrig an ihrem Marmeladenbrot.	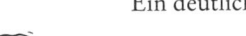	Ein deutliches Gähnen. Kau- und Schluckgeräusche.
Auf einmal fängt die Cornflakespackung an zu wackeln und fällt raschelnd um.		Ein mit Reis gefüllter Yoghurtbecher wird geschüttelt und dann fest auf den Boden gesetzt.
Sie traut ihren Augen nicht, denn aus der Packung springt ein kleiner grüner Drache.		Glissando auf dem Glockenspiel, dann ein fester Schlag auf die Trommel. Ein staunendes „OH" ist zu hören.
Er blinzelt		Zarte Töne auf dem Glockenspiel.
und schüttelt sich		Ein Buch wird kräftig geschüttelt.
und beginnt sofort, den Tisch zu erforschen. Fröhlich stapft er durch die Butter.		Schmatzende Geräusche mit dem Mund.
Bevor Anna etwas sagen kann, nimmt er ihr Frühstücksei und balanciert es vorsichtig mit der Nase.		Ein kurzer Pfiff mit einer Trillerpfeife und ein Trommelwirbel mit der Trommel.

---

[19] Baumgart, 1989

Leider fehlt ihm die Übung … so ein Mist …

Ein Ball fällt mit lautem Platsch in eine Wasserschüssel.

Doch er läßt sich nicht entmutigen und zeigt ihr noch ein besonderes Kunststück. Er klettert mutig auf den Tassenrand und macht einen Handstand …

Ein Trommelwirbel auf der Trommel.

doch auf einmal verliert er das Gleichgewicht und rutscht zappelnd ab. Platschend fällt er in den Kakao.

Mehrere Klangstäbe werden schnell aneinandergeschlagen.
Ein Stein fällt mit lautem Platsch in eine Wasserschüssel.

Lange bleibt es still und Anna schaut gebannt in die Tasse. Plötzlich taucht der kleine Drache wieder auf und prustet der überraschten Anna ein Maul voll Kakao ins Gesicht.
„Jetzt reicht's aber!" schimpft Anna. „Was soll das? Wer bist du überhaupt?"
„Kannst mich ja auch bespucken", erwidert der kleine Drache.
„Versuch's doch", und schon hopst er von ihrer Hand und versteckt sich hinter der Kaffekanne.
„Klar kann ich das" denkt Anna und nimmt einen großen Schluck Kakao.

Atemlose Stille.

Blubbernde Geräusche und lautes Prusten mit dem Mund.
Text wird von zwei Stimmen gesprochen.

Glissando mit dem Glockenspiel.

Da geht die Tür auf und Annas Mutter kommt herein. Entsetzt prallt sie zurück. „Was ist denn das für eine Schweinerei?",	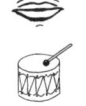	Knarrende Geräusche mit dem Mund. Dumpfes Schlagen auf die Trommel. Text wird gesprochen.

schimpft sie. Aufgeregt versucht Anna ihr zu erklären, daß ein kleiner Drache den ganzen Tisch vollgekleckert hat. Jetzt wird die Mutter erst richtig böse: „Anna, ich habe dir schon so oft erklärt, daß es Drachen gar nicht gibt." Doch bevor sie weitersprechen kann, klopft es an die Tür. Klopfgeräusche mit Klangstäben. Annas Mutter wird ganz blaß. Vor ihren Stille. Augen steht ein großer Eine tiefe Stimme Drache. „Guten Morgen" sagt er höflich. „Haben Sie vielleicht meinen Sohn gesehen?"

Bilderbuchtext aus: Klaus Baumgart: „Ungeheuerlich". Stuttgart 1989
© hpt Verlagsgesellschaft mbH & Co. KG (Neuer Breitschopf Verlag)

Bei der Durchführung liest eine Erzieherin den Text vor und währenddessen wird die Geschichte mit den dazu erfundenen Geräuschen untermalt. Das Piktogramm hilft den Kindern, ihren Einsatz zu finden.

Beispiele für Bilderbücher, die sich für ein solches Unternehmen eignen, finden sich in jeder Kindergartenbibliothek. Bei der Auswahl sollte nur darauf geachtet werden, daß die Geschichte nicht zu langatmig wird und viele Situationen darin vorkommen, die akustisch darzustellen sind.

Als Anregung sind anschließend noch zwei weitere Bilderbuchbeispiele genannt, die zur akustischen Untermalung geeignet erscheinen.

„Nur ein kleines Samenkorn" von Eric Carle (Gerstenburg-verlag)
„Wo die wilden Kerle wohnen" von Maurice Sendak (Dioge-nesverlag)

Geräuschgeschichten als Ratespiel

Geräuschgeschichten ganz anderer Art, nämlich in Form eines Ratespiels, sind äußerst beliebt. Geeignete Themen wären bei-spielsweise:
- Auf dem Jahrmarkt,
- Verfolgungsjagd,
- Ein Tag beginnt,
- Gewitter,
- Geisterstunde,
- Eine Rakete startet zum Mond,
- Indianertanz.

Diese Reihe musikalischer Geschichten läßt sich beliebig er-weitern, zumal in jedem Kindergarten ganz bestimmte Themen jeweils aktuell oder gerade bei den Kindern besonders gefragt sind.

Die Kinder finden sich in kleinen Gruppen zu je 4–6 Kin-dern zusammen. Jede Gruppe erhält ein Thema, welches alter-nativ auch über ein gemaltes Bild mitgeteilt werden kann, das den Kindern gezeigt wird.

Die Aufgabe lautet, sich zu dem jeweiligen Thema (Bild) eine passende Geschichte auszudenken und diese akustisch, also untermalt mit Klängen und Geräuschen so darzustellen, daß die übrigen Zuhörer, die das Thema nicht kennen, es einzig über das Zuhören erraten können. Das bedarf eines intensiven Ausprobierens und gemeinsamen Überlegens und nimmt einige Zeit in Anspruch. Zeit jedoch sollte hierbei nie ein entscheiden-der Faktor sein, denn das Tun und Lernen durch Ausprobieren steht ganz und gar im Vordergrund.

Eine begleitende Betreuung und Beratung durch die Erzie-herin ist sehr wichtig, um den Kindern bei der Organisation helfen zu können.

In der abschließenden Runde werden die entstandenen Ge-räuschgeschichten vorgestellt und müssen von den anderen

Kindern erraten werden. Je genauer die Geräusche beobachtet und je typischer sie nachgeahmt werden, desto schneller ist die Lösung gefunden.

„Geisterstunde"

Das Beispiel „Geisterstunde" zeigt exemplarisch auf, wie eine „Regieanweisung" in Form eines Piktogrammes erstellt werden kann, um den Kindern ein gemeinschaftliches Spielen zu erleichtern. Der Einstieg dazu ist eine frei erfundene oder vorgelesene Gespenstergeschichte, die in einem leicht abgedunkelten Raum erzählt wird. So lassen sich die Kinder in die richtige Stimmung einstimmen.

Die Kinder gehen an dieses Vorhaben meist mit viel Spannung und Vorfreude heran. Es stellt eine Menge Anforderungen an sie, denn sie müssen sich typische Geräusche ausdenken, nach Umsetzungsmöglichkeiten auf einem passenden Klangerzeuger suchen, Rollen verteilen und beim Spielen aufeinanderhören und -eingehen. So wird vermieden, daß nicht nur ein turbulentes Durcheinander entsteht, sondern eine aufeinanderfolgende Geräuschgeschichte.

Das gesamte Unternehmen wird leichter und amüsanter, wenn die gespielten Geschichten gleichzeitig auch pantomimisch umgesetzt werden. Mit einem weißen Bettlaken verhüllt, wird ein Kind zum Gespenst, andere zur Eule oder zur Fledermaus, und die notwendigen Requisiten, wie Turmuhr, Holzkiste, Kette u. ä. werden zusammengesucht.

Ereignis	Piktogramm	Spielweise / Instrument
Es ist ganz still. Eine Uhr tickt.		Klangstäbe werden regelmäßig geschlagen.
Es ist 12 Uhr.		Mit der Triangel wird 12 mal geschlagen.
Eine Kiste öffnet sich.		Mit dem Mund wird ein knarrendes Geräusch nachgeahmt.

Man hört die Schritte eines Gespenstes, mit Ketten an den Füßen.		Die Pauke ahmt dumpfe Schritte nach, die vom Schellenkranz begleitet werden.
Eine Fledermaus flattert auf.		Ein Buch wird kräftig geschüttelt.
Eine Maus rennt ängstlich über das Klavier.		Auf dem Klavier oder dem Glockenspiel werden einzelne Töne oder Glissando gespielt.

Man hört die Schritte
eines Gespenstes, mit
Ketten an den Füßen.

Die Pauke ahmt dumpfe
Schritte nach, die vom
Schellenkranz begleitet
werden.

Eine Fledermaus
flattert auf.

Ein Buch wird kräftig
geschüttelt.

Eine Maus rennt
ängstlich über das
Klavier.

Auf dem Klavier oder
dem Glockenspiel werden
einzelne Töne oder
Glissando gespielt.

Plötzlich kommt
Wind auf.

Langsames Reiben auf
dem Fell einer Trommel,
leises Blasen mit dem
Mund.

Es beginnt zu regnen.

Mit den Fingerkuppen auf
die Trommel klopfen.

Es zieht ein Gewitter
auf.
Der Wind wird
stärker.

Schnelles Reiben auf der
Trommel, lautes Blasen.

Der Regen wird
stärker.
Es blitzt und don-
nert.

Schnelles Klopfen auf der
Trommel. Zwei Becken
laut gegeneinander-
schlagen, lautes Trommeln
auf der Pauke mit Filz-
klöppeln.

Das Gewitter zieht
vorbei, es wird stiller.
Eine Eule ruft.

Stimme einer Eule hinter
vorgehaltener Hand.

Das Gespenst
kichert, schließt die
knarrende Tür.

Geräusche mit Stimme
nachahmen.

Spannungsvolle
Stille.

Die Uhr tickt.

Zwei Klangstäbe werden
geschlagen.

Es ist 1 Uhr.

Die Triangel schlägt ein-
mal.

Der Einsatz von Instrumenten im Kindergarten soll und kann keine lernzielorientierte Wissensvermittlung sein. Der Kindergarten hat hier im Gegenteil die gute Gelegenheit, streßfrei und ohne festgelegte Ziele, Musik und Rhythmik zu erleben und viele Freiräume für die Kinder zu lassen. Hier dürfen eben auch andere Ergebnisse herauskommen, als in der Vorstellung und Planung beabsichtigt waren, dafür aber auch bereichert mit den Ideen der Kinder und in kreativer Kooperation mit ihnen.

Bewegungsspiele
mit und ohne Musik

Musik und Bewegung sind, wie an vielen vorangegangenen Beispielen näher erläutert wurde, sehr miteinander verbunden und bilden eine gegenseitige Ergänzung. Der ausgeprägte Bewegungsdrang der Sechsjährigen bietet Anlaß genug, viele Angebote aus den Bereichen Musik – Rhythmik – Bewegung im Kindergarten zu geben. Zum einen, um dem Bewegungsdrang der Kinder nachzugeben, zum anderen, um diesen in gelenkte Bahnen zu bringen. Oft sind überschüssige Kräfte vorhanden, oder das Bedürfnis, Kräfte zu messen, nimmt überhand. Durch die räumliche Enge in den heimischen Wohnungen oder auch im Kindergarten, sowie durch fehlenden sicheren Spielraum im Freien kann das Bedürfnis nach Bewegung häufig nicht genügend ausgelebt werden.

Aber auch auf engem Raum ist es durchaus möglich, Bewegungsspiele durchzuführen und mit ihnen Körperbewußtsein, Geschicklichkeit, Anpassung an Partner, Spontanität und Kreativität zu schaffen bzw. zu fördern.

Die im folgenden aufgeführten Beispiele sind Spielformen, die auch in kleinen Räumen und mit wenig Materialaufwand gespielt werden können. Sie lassen den Kindern genügend Freiraum, den Spielverlauf selbst mitzubestimmen. Gerade den Sechsjährigen ist das ein wichtiges Bedürfnis.

Einfache tänzerische Formen zu instrumentaler Musik

Wir nehmen ein Musikstück, das einen durchgehenden, gleichbleibenden Grundrhythmus hat. Hier wurde als Beispiel das Stück „Portsmouth" von Mike Oldfield gewählt. Schon beim ersten Hören ist der Grundrhythmus klar erkennbar. Zwei lange Schläge und drei kurze folgen regelmäßig aufeinander. In

Form einer graphischen Notation könnte das folgendermaßen
aussehen:

━━━   ━━━   ●   ●   ●

Dieser Grundschlag wird erst einmal mit Klatschen übernommen. Eine Melodie durchgehend so zu begleiten, ist nicht ganz
einfach. Wenn die Kinder dies jedoch beherrschen, kann man
nach und nach den Rhythmus auf die Arme, Ellbogen, Schul-
tern, Kopf, Beine, Knie und Füße übertragen, d. h., auch hier
den ganzen Körper zum Einsatz bringen.

Auf ganz ähnliche Weise lassen sich auch bunte Chiffontücher, Seile, Bänder, Folien oder anderes Material einsetzen.
Solche Materialien haben einen besonderen Aufforderungscharakter.

Die Kinder stehen am besten in Kreisform, mit den Gesichtern zueinander gewandt. Sie halten hier beispielsweise die
Chiffontücher in ihren Händen und schwingen sie erst einmal
ganz nach Belieben zur Musik. Jedes Kind hat dabei eine andere Idee, welche Bewegungsformen mit diesen Tüchern möglich sind.

Gemeinsames Ziel ist, die Musik bewußt und intensiv aufzunehmen und den Körper durch diese Musik leiten zu lassen. Kinder und auch Erwachsene haben manchmal Schwierigkeiten, sich ungezwungen und frei zu bewegen und brauchen Mut, um sich vor anderen zu zeigen. Es erhöht das Selbstbewußtsein, wenn diese ganz normalen Hemmungen durch
das spielerische und ungezwungene Tun abgebaut werden können.

Viele Varianten, das Tuch oder andere Gegenstände zur Musik
zu bewegen, werden im Laufe des Tanzes gefunden und können dann nacheinander von der Gruppe übernommen werden.

Eine Spielreise

Dieses Spiel ist eine Abwandlung der „Reise nach Jerusalem".
Eine Melodie, beispielsweise ein momentan bekannter Hit,
wird vorgespielt. Im Grundtakt bewegen sich die Kinder ge-
hend im Raum. Nach einer Weile, wenn jedes seine Gangart ge-

funden hat, stoppt die Musik schlagartig, und die Kinder erfüllen einen vorher angekündigten Auftrag. Dieser kann beispielsweise lauten:

– Begrüße jeden, der dir begegnet, mit Handschlag;
– Lächle jeden, der dir begegnet, freundlich an;
– Suche Dir einen Partner. Führe diesen Partner an einem un-
  sichtbaren Faden an der Nase herum;
– Spiele den Schatten deines Partners;
– Spiele das Spiegelbild deines Partners;
– Formiert Euch in Form einer Würfelzahl;
– Stellt Euch für ein Gruppenfoto auf.

Nach einer Weile, wenn alle Kinder ihre Aufgabe erfüllt haben,
wird die Musik weiter gespielt und alle bewegen sich wieder
frei im Raum.

Hierzu ist anzumerken, daß alle Aufträge vorher mit den
Kindern besprochen werden müssen, um Mißverständnisse und
Störungen im Ablauf zu vermeiden.

Auf moderne, aber auch sogenannte klassische Hits, wie z. B.
die Beatles, spricht die Altersgruppe der Sechsjährigen besonders an. Was läge da näher, als die Begeisterung zu nutzen
und eben solche Musik des öfteren einzubringen. Ein Musikbeispiel soll hier exemplarisch noch näher erläutert werden, um
zu zeigen, daß die Musik selbst oft Ideen zur Gestaltung her-
vorruft.

Wiegetanz: „Annie's song" von John Denver

Dieses sanfte, fast träumerisch anmutende Musikstück lädt un-
willkürlich zum Hin- und Herwiegen des Körpers ein. So liegt
es nahe, sich im Kreis aufzustellen und mit den Armen um die
Körper der Nachbarn zu fassen. Es ist ein Erlebnis besonderer
Art, wenn nach und nach die ganze Gruppe einheitlich hin-
und herwiegt und eine gemeinsame Harmonie gefunden hat. So
können Schritte in den Kreis hinein und wieder zurück oder
auch Seitwärtsschritte gemeinsam, in einer Einheit getanzt werden.

Wir bauen eine phantastische Menschenmaschine

Ein Kind begibt sich in die Mitte des Kreises und stellt eine,
sich immer wiederholende Körperbewegung dar wie z. B.
gleichmäßiges Stampfen mit dem Fuß. Diese Bewegung soll
auch mit einem verbal erzeugten Geräusch, wie beispielsweise
„puff, puff, puff" o. ä. untermalt werden. Ein zweites Kind gesellt sich dann hinzu und überlegt sich eine ganz andere Körperbewegung und Geräuschvariante, immer unter dem Aspekt:
„Wir bauen gemeinsam eine Maschine".

So entsteht Stück für Stück ein ratterndes, tösendes, brum-
mendes, quietschendes oder wie auch immer geartetes Men-
schengebilde.

Die Erzieherinnen aus den Fortbildungskursen ebenso wie die
Kinder haben daran sehr großen Spaß, und es ist beeindruckend,
wie unterschiedlich so ein Gebilde aussieht und klingt.

Phantasiegeschichten

Mit Phantasiegeschichten lassen sich aktive Bewegung und
Entspannung gut kombinieren. Die Hektik und Ruhelosigkeit,
die Kinder häufig zu Hause und im Kindergartenalltag umgeben, lassen oft nur wenig Raum für Träumerei und Entspannung. Gerade viele Sechsjährige, an die von vielen Seiten Lei-
stungserwartungen herangetragen werden, können so unter einer besonderen Dauerbelastung stehen.

Hier kann autogenes Training mit Kindern sinnvoll eingesetzt werden. Es gibt mittlerweile eine Menge Literatur über
die Bedeutung und Methodik von autogenem Training mit Kindern. Begleitende und einsetzbare Literatur ist im Literaturverzeichnis vermerkt.

Unsere Erfahrungen zeigen, daß Kinder spontan und sehr
lebendig an Phantasiereisen, Stille-Übungen oder musikalisch
untermalten Entspannungsübungen teilnehmen.

Das folgende Beispiel, das sich in der Praxis in vielfach abge-
wandelter Form bewährt hat, möchte dazu motivieren.

Der im folgenden aufgeführte „Spaziergang" entwickelte
sich spontan an einem trüben regnerischen Morgen im Kindergarten. Die Kinder waren sehr unruhig und wollten gerne

draußen spielen. Wegen des schlechten Wetters war dies nicht möglich, also unternahmen wir einen Phantasiespaziergang. Er ist nur exemplarisch zu verstehen und kann je nach Situation und Ideen immer wieder anders verlaufen.

Ein illusionärer Spaziergang

Die Kinder verteilen sich ungeordnet im Raum. Die Erzieherin lädt die Kinder zu einem Spaziergang ein, der sich jedoch nur in ihrer Phantasie abspielt.

Entsprechend der Ereignisse „unterwegs" spielen die Kinder pantomimisch die Bewegungen nach.

Der Spaziergang könnte folgendermaßen beschrieben werden:

Wir marschieren mit gleichmäßigen Wanderschritten auf dem asphaltierten Bürgersteig. Entlang der Straße ist es so laut, daß wir uns die Ohren zuhalten müssen. Wir werden schneller, um möglichst bald von der gefährlichen Straße wegzukommem.

Da kleben wir plötzlich mit einem Fuß an einem weggeworfenen Kaugummi fest. Nur mit Mühe gelingt es uns, den Kaugummi durch festes Schütteln zu entfernen.

Endlich gelangen wir auf einen schönen, sandigen Feldweg, der an einer bunten Blumenwiese entlangführt. Auf der Wiese blühen viele wunderschöne und duftende Blumen. Wir pflücken uns einen bunten Strauß und riechen einmal ganz intensiv daran.

Wir streifen durch das hohe, feuchte Gras und haben Mühe voranzukommen. Mit den Füßen machen wir riesige Schritte, und mit den Armen müssen wir das Gras zur Seite drücken. Langsam arbeiten wir uns zum Waldrand vor.

Wir wandern auf einem weichen Waldpfad und spüren dabei den Boden wie ein dickes Polster unter unseren Füßen. Dabei atmen wir die kühle, erfrischende Waldluft ganz tief ein.

Plötzlich wird der Weg holperig und steinig. Die Steine sind so spitz und eckig, daß wir es durch die Schuhsohle hindurch spüren. Ab und zu knicken wir sogar um.

Jetzt ist der Weg plötzlich zu Ende, und wir stehen vor einem riesigen Felsenmeer. Nun heißt es klettern und gut festhalten. Wir kraxeln bis auf den Gipfel des Berges. Wir machen vorsichtige Schritte und halten uns auch mit den Händen gut fest.

Endlich sind wir oben angekommen und sind sehr erschöpft. Der Schweiß läuft uns über die Stirn.

Da hören wir ein leises Rauschen. Sicher ist ein kleiner Bach in der
Nähe. Der kommt uns wie gerufen. Wir rennen mit letzter Kraft zu
diesem Bach, ziehen Strümpfe und Schuhe aus und stecken unsere
Fußzehen hinein. Oh, ist das kalt! Nun kommt auch der zweite Fuß
hinzu, und wir stapfen durch das kühle Naß. Das erfrischt. Aber aufpassen: Spitze Steine und Ästchen tun unseren nackten Füßen weh.
Wir laufen vorsichtig durch den Bach. Der wird immer flacher, und
bald ist nur noch feuchter, glitschiger Matsch übrig. Das ist ein herr-
liches Gefühl, wenn die Füße im Matsch versinken.

Gut abgekühlt, waschen wir unsere schmutzigen Füße unter einem
kleinen Rinnsal und ziehen Strümpfe und Schuhe wieder an. Vor uns
liegt noch eine kleine Wanderung, bis wir am Ziel sind.

Wir marschieren auf einem engen, kurvenreichen Pfad. Ein dicker
Holzbalken führt als Brücke über den Bach. Vorsichtig, ein Fuß hinter
dem anderen, balancieren wir, um gut hinüberzugelangen. Jetzt ist es
nicht mehr weit. Noch ein paar Meter geht es steil nach oben, und wir
stehen auf dem Gipfel.

Vor uns liegt ein herrlich breiter Sandstrand und das blaue Meer. Da
wollen wir hin. Wir rennen so schnell es geht bergab und landen im
weichen Sand. Im Sand kommen wir nur langsam voran, da wir immer
wieder einsinken. Schnell wieder Schuhe und Strümpfe auszuziehen,
aber hoppla: der Sand ist glühend heiß! Wir hüpfen und springen wie
auf einer heißen Herdplatte.

Endlich sind wir am Wasser, ziehen uns aus uns springen in die
Meeresfluten. Wir schwimmen und plantschen herum.

Bald sind wir ganz erschöpft und legen uns in den warmen Sand.
Wir müssen uns nach dieser langen Wanderung ausruhen, suchen uns
eine bequeme Lage, schließen die Augen und träumen…

An dieser Stelle läßt sich sehr gut eine Meditation anschließen.
Wenn die Kinder ihren Platz im Sand (auf einer weichen
Decke) gefunden haben, kann man eine leise Meditationsmusik
einspielen und die Kinder zu innerer Ruhe finden lassen.

Beispiele für geeignete Meditationsliteratur und Meditationsmusik für Kinder sind im Literaturverzeichnis des Buches zu
finden.

Vielleicht fühlt sich manche Erzieherin motiviert, sich eine
ähnliche Geschichte auszudenken. Zu beachten ist dabei lediglich, daß viele Bewegungsmöglichkeiten eingebaut und genau
beschrieben werden, die die Kinder zum aktiven Mitmachen
auffordern und leicht umsetzbar sind.

Pantomimenspiel: Palme – Affe – Elefant

Das folgende Spiel ist leicht erlernbar und wird dem Bedürfnis nach Bewegung auch auf kleinem Raum gerecht. Hierbei begeben sich die Kinder in eine exotische Welt, für die lebende Bilder gebaut werden müssen. Die Aufgabe lautet, eine Dschungelwelt pantomimisch darzustellen. In diesem Dschungel gibt es Palmen, Affen und Elefanten, die mit typischen Körperhaltungen imitiert werden. Jede Figur wird aus drei Kindern „gebaut".

Die Palme hat einen langen Stamm, der sich zum Himmel reckt, und zwei, nach links und rechts schwingende Wedel: Das mittlere Kind steht aufrecht und hält seine gestreckten Arme nach oben. Die beiden anderen Kinder stehen jeweils links und rechts von der Palme und halten ihre halb über den Kopf gebeugten Arme nach links bzw. nach rechts.

Die Affen treten ebenfalls zu dritt auf und gebärden sich in der altbekannten klassischen Form: der linke hört nichts, hält sich also die Ohren zu, der mittlere sieht nichts, verschließt die Augen mit den Händen, und der rechte redet nichts, hält sich mit beiden Händen den Mund zu.

Beim Elefant stellt das mittlere Kind den Rüssel dar, indem es mit der linken Hand den rechten ausgestreckten Arm umgreift und sich an der Nase packt. Die beiden anderen Kinder sind die großen Ohren. Sie lehnen sich links und rechts in gebeugter Körperhaltung an den Rüssel.

Diese Dreierfiguren und auch jeder einzelne Teil von ihnen müssen nun erst einmal geübt werden. Dann kann das eigentliche Spiel beginnen:

Spielverlauf:
Die Kinder stellen sich im Kreis auf. Ein Kind darf in die Mitte gehen und mit ausgestrecktem Finger auf ein beliebiges Kind im Kreis deuten. Dabei nennt es eine der drei Figuren. Das Kind, auf das gezeigt wird, nimmt augenblicklich die Haltung eines Teils dieser Figur an. Nun sind die danebenstehenden Kinder an der Reihe. Diese müssen passend zu der Figur des ersten Kindes die gesamte Figur vervollständigen. Ruft das

Kind in der Mitte beispielsweise „Elefant", muß sich das Kind, auf welches gedeutet wurde, sofort in einen beliebigen Teil des Elefanten verwandeln. Stellt es ein linkes Ohr dar, müssen sich die beiden Kinder rechts von ihm in Rüssel und rechtes Ohr verwandeln. Wer eine falsche Haltung einnimmt muß in die Kreismitte.

Um das ganze Spiel noch etwas lebhafter zu gestalten, können die Kinder die Geräusche im Urwald nachahmen, oder eine passende Urwaldmusik wird dazu abgespielt. (Musikbeispiel: „Machu Pichu" von Sigi Schwab)

Bei diesem Spiel sind Konzentration, schnelle Reaktion und ein gutes Gedächtnis gefordert. Die sechsjährigen Kinder lassen sich dafür leicht begeistern. Besonders Kinder, die Hemmungen haben, sich körperlich ungezwungen zu bewegen, werden durch dieses Spiel schnell gefangen genommen und vergessen darüber ihr Problem. Sind die Kinder erst einmal richtig „in Form", hat der Spaß kein Ende mehr.

Wenn es den Kindern im „Dschungel" nicht mehr gefällt, können sie sich auch ganz andere Szenerien ausdenken.

Praxisanregungen aus den Bereichen: bildnerisches und handwerkliches Gestalten

Bei den Überlegungen, welche bildnerisch-gestalterischen Möglichkeiten die sechsjährigen Kinder gemäß ihrer Interessen und Fähigkeiten besonders begeistern und herausfordern können, ergaben sich eine Fülle von Ideen. Einige davon sind anschließend näher beschrieben und können in vielerlei Variationen umgesetzt werden. Alle Beispiele haben sich im Kindergarten bei der Arbeit mit den Kindern im letzten Kindergartenjahr bewährt und sind dank des Ideenreichtums der Kinder in unterschiedlichster Weise umgesetzt worden. Die Auswahl der Aktionen, sowie die Art der Umsetzung orientierten sich weitgehend an den Kindern, den Bedingungen innerhalb des Kindergartens, der Gruppe und den situativen Anlässen.

Das erste Beispiel ist eine Gemeinschaftsarbeit, bei der die Kooperation und das gemeinsame Planen im Gespräch im Vordergrund standen.

Eine Märchenfigur – Der Riese aus dem „Tapferen Schneiderlein"

Grundlage und Ausgangspunkt ist das Märchen: „Das tapfere Schneiderlein". Sind die Kinder mit diesem Märchen vertraut, werden im gemeinsamen Gespräch die Figuren, hier speziell die des Riesen, beleuchtet. Kinder dieser Altersgruppe sind bekanntermaßen für solche Phantasiefiguren sehr zu begeistern. Auch wenn sie schon oft realistisch denken, verhaften sie auf der anderen Seite gerne in der Märchenwelt. Die Kinder brauchen ihre Phantasiewelten noch immer, um mit Ängsten und Bedrohungen in ihrer Welt zurechtzukommen. Zur Veranschaulichung am Rande sei eine Aussage eines sechsjährigen Jungen erwähnt. Im Gespräch mit seiner Mutter über den Nikolaus und die vielen vorweihnachtlichen Heimlichkeiten kam

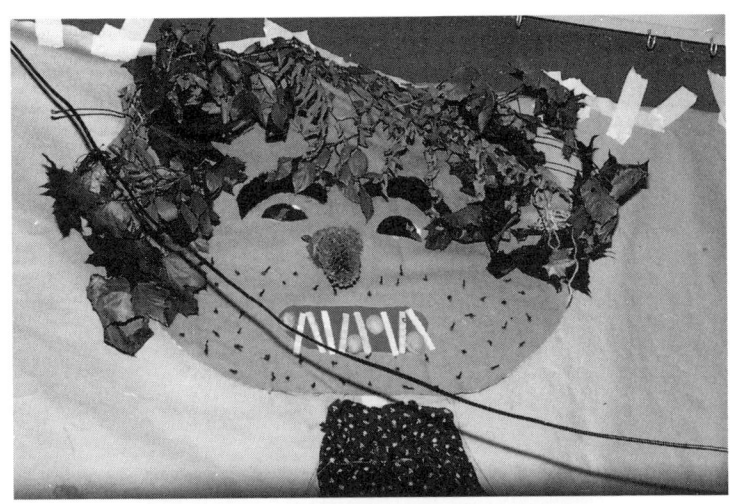

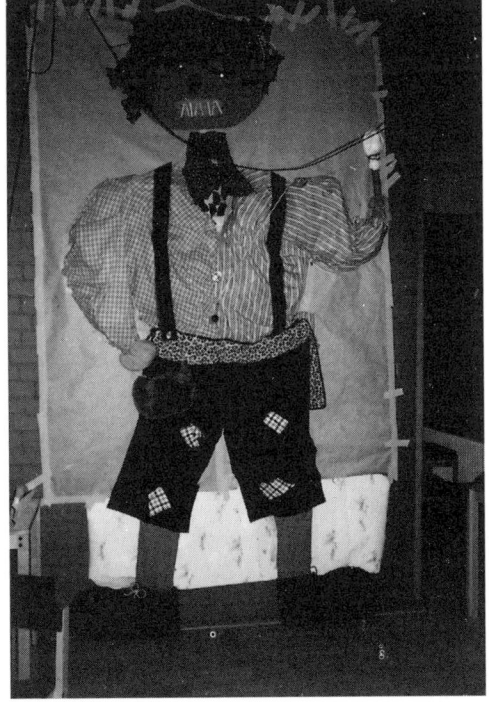

folgende Bemerkung über seine Lippen: „Wenn ich erst richtig groß bin, dann weiß ich, daß es keinen Nikolaus und kein Christkind gibt."

Zurück zu unserem Beispiel: Der Riese ist eine Figur, die auf der einen Seite Kraft und Macht ausstrahlt und somit geheime Wünsche repräsentiert. Auf der anderen Seite ist sie auch ein Symbol für Bedrohung und Angst.

Bei der künstlerischen Umsetzung dieses Themas wurden gerade diese Eigenschaften herausgestellt und demonstriert. In der größtmöglichen Weise, die die Kindergartenräumlichkeiten zulassen, wurde der Riese hergestellt.

Mehrere Rollen breites Packpapier als Unterlage waren schon nötig, um das „Monstrum" zu verwirklichen. Zur Gestaltung sind alle möglichen Materialien brauchbar: Wasserfarben, Stoffreste, Naturmaterialien wie Äste, Blätter und Sand, Wolle, Tapetenreste usw.

Die übergroße Dimension ist das entscheidende Kriterium, um das Riesenhafte zu dokumentieren. Hier können die Kinder maßlos übertreiben und großflächig und ausladend arbeiten (siehe Foto).

Zu Beginn wird die Papierrolle am besten auf dem Boden ausgebreitet, um genug Platz zum Arbeiten zu haben. Dann folgt der Entwurf des groben Umrisses des Riesen. In einem betrachtenden Gespräch über die Proportionen des eigenen Körpers wird am ehesten deutlich, wie groß der Kopf im Verhältnis zu Rumpf, Armen und Beinen ungefähr sein muß. Anschließend sollten die Kinder sich über die grundsätzliche Gestaltung einig werden. Es empfiehlt sich nun, die verschiedenen Aufgabenbereiche, wie Umrißmalen, Ausmalen, Kleben, Schneiden, Naturmaterial sammeln usw. auf verschiedene Gruppen zu verteilen.

Während des Arbeitens erfahren die Kinder, wie wichtig Absprachen und gemeinsam überlegtes Handeln sind, um zu einem für alle zufriedenstellenden Ergebnis zu gelangen. Von daher ist ein Gemeinschaftsprojekt dieser Art für Sechsjährige gut geeignet.

Der Guckkasten – Phantasielandschaft in einem Schaukasten

Der selbstgebaute Guckkasten in einem Schuhkarton ist ein kreatives Unternehmen, das „neugierige Gucker" immer wieder in seinen Bann zieht. Schon vor 100 Jahren bauten Kinder in Mainz Guckkästen, in denen ein kleiner „Bühnenraum" in Form eines Kartons in eine phantasievolle Märchen- oder Zauberwelt verwandelt wurde.[20] Die Guckkästen strahlen immer wieder auf Kinder gleichermaßen wie auf Erwachsene eine große Faszination aus. Sie erinnern an das Panoptikum, wie es früher auf Rummelplätzen zu finden war: für einen Groschen blickte man durch ein Loch und wurde „entführt" in eine „andere Welt", die sich für den Betrachter in dreidimensionaler Wirkung erschloß – ein reizvolles und schier unerschöpfliches Thema also, wie es für Sechsjährige nicht passender sein kann.

Der Bau eines solchen „Guckkastens" setzt eine Menge Fähigkeiten voraus. Die Kinder müssen feinmotorisch schon recht geschickt sein, da sehr viele kleine Materialien verwendet und verarbeitet werden. Die Freude am lockeren Experimentieren, Umgestalten, Verfremden und Kombinieren und nicht zuletzt eine gewisse Ausdauer sind wichtig, um die Ideen und Assoziationen der Kinder lebendig werden zu lassen. Dieses Projekt fordert also die „Großen" in vielen Bereichen und ist gleichzeitig Teil der Kreativitätserziehung.

Auch das Sozialverhalten wird geschult; nur wenn sie teilen und abgeben steht ihnen eine größere Auswahl an Material zur Verfügung, und wenn sie sich gegenseitig helfen wird manches handwerkliche Problem besser gemeistert.

Material und Werkzeug:
Ein Schukarton, Schere, Klebstoff, helles Transparentpapier, Deckfarben, Pinsel, verschiedenes kleinteiliges Material wie Stoff-Leder-Fellreste, Klicker, Perlen, Knöpfe, Nägel, Silberpapier, Steine, Blätter, Spiegelscherben, Muscheln usw. Um das Materialangebot zu vergrößern und es jedem Kind zugänglich zu machen, empfiehlt es sich, alle vorhandenen Gegenstände auf die Tischgruppen zu verteilen.

---

[20] vgl. Schramm, 1943

Ausführung:

1. Zuerst werden in den Deckel eines Schuhkartons zwei große runde oder eckige Löcher geschnitten, damit von oben genügend Licht in den Kasten fallen kann. Zwischen den ausgeschnittenen Flächen muß ein schmaler Steg stehenbleiben. Diese Flächen werden in der Innenseite des Deckels mit hellem Transparentpapier bespannt und an den Steg angeklebt.

2. Anschließend wird in der Mitte der Längsseite des Schukartons ein Guckloch von der Größe eines Zehnpfennigstückes mit spitzer Schere ausgeschnitten.

3. Nun können schon die ersten gestalterischen Arbeiten vorgenommen werden. Je nach Thema, das sich das Kind ausgedacht hat, können die Innenseiten mit Deckfarbe bemalt oder mit Stoffen u. ä. beklebt werden. Geeignete Themen wären z. B.: „Die Welt eines Zauberers", „In einem Märchenwald", „Im Inneren eines verrückten Raumschiffes", „Mein Traumzimmer", „Eine unheimliche Höhle".

4. Auf der gegenüberliegenden Seite des Guckloches beginnt man nun mit dem Aufbau einer Phantasielandschaft, bei der frei nach Material und Ideen experimentiert werden darf.
   Die Wirkung der Komposition sollte immer wieder durch Hineingucken beurteilt werden, da sie sich je nach Wahl und Anordnung des Materials ständig verändert. Hat man sich für eine Anordnung entschieden, werden die Teile festgeklebt. Auch an der inneren Seite des Deckels und am Steg zwischen den Lichtlöchern können kleine Teile befestigt oder an Fäden aufgehängt werden und damit die räumliche Wirkung noch verstärken.

5. Am Schluß können auch die äußeren Seitenwände des Kartons bemalt oder beklebt werden, um einen interessanten, dekorativen Guckkasten zu erhalten.

Jeder Guckkasten ist ein aufregendes Erlebnis für sich, da sich für den Betrachter in jedem Kasten neue Welten auftun. Das Projekt kommt der Experimentierfreude der Sechsjährigen entgegen und nimmt die Kinder erfahrungsgemäß sehr gefangen. Es kann über mehrere Tage fortgeführt werden, wenn das Material ständig bereitsteht.

Der Fühlkasten

Der Fühlkasten ist ein ähnliches Projekt wie der Guckkasten. Wie der Name schon sagt, wird hierbei ein Kasten hergestellt, der seinen Reiz ausschließlich dadurch erhält, daß die verwendeten Dinge erfühlt werden müssen.

Material und Werkzeug:
Benötigt wird ein etwas größerer Schuhkarton und ähnliches Material wie beim Guckkasten. Allerdings sollte bei der Wahl des Materials darauf geachtet werden, daß die Gegenstände sich in ihrer fühlbaren Beschaffenheit voneinander unterscheiden. Die Oberflächen können rauh, glatt, stumpf, scharf, weich, hart, kalt, warm usw. sein.

Ausführung:
Im Unterschied zum Guckkasten wird der Deckel nicht eingeschnitten. Das Loch an der Längsseite des Kastens ist nun auch kein kleines Guckloch, sondern ein Fühlloch, d. h.: es muß so groß sein, daß man mit einer Hand hineingreifen kann.

Jetzt wird keine Landschaft gebaut, sondern es werden verschiedenartige Materialien hineingeklebt, die sich durch Fühlen erraten lassen.

Auch hier sind die Kinder erfahrungsgemäß mit Eifer bei der Sache, insbesondere beim gegenseitigen Erraten, bzw. Erfühlen der verwendeten Gegenstände. Hierbei können auch kleinere Kinder durchaus mitmachen. Für die „Großen" ist es ein Riesenspaß, wenn sie den Kleineren ihre Fühlkästen vorführen und mit ihnen Ratespiele machen können.

Eine Fotorallye

Rallyes sind besonders in den letzten Jahren auf Kindergeburtstagen, in Kindergärten wie auch auf Sommerfesten und bei ähnlichen Anlässen ein gefragter Renner. Es gibt dabei unendlich viele Varianten und Durchführungsmöglichkeiten. Im folgenden soll eine Rallye, wie sie mit Sechsjährigen des öfteren praktiziert wurde, näher beschrieben werden.

Sechsjährige Kinder sind sehr offen und aufnahmefähig gegenüber ihrer Umwelt und nehmen sie schon viel bewußter wahr, als die jüngeren. Viele gehen im letzten Kindergartenjahr schon alleine in den Kindergarten und legen dabei oft recht große Wegstrecken zurück. Die Erzieherinnen wie auch Eltern berichten, daß die Kinder diese Wege auch gut bewältigen, häufig jedoch trödeln und so dies und das am Wegesrand und unterwegs beobachten. Kinder gehen mit viel offeneren Augen und aufmerksamer durch die Welt als die Erwachsenen. Diese Eigenschaft kann man sich in einer Fotorallye zunutze machen.

Reizvoll an einer Fotorallye ist, daß sie nicht im Kindergarten stattfindet, die Kinder sich also ein Stück Welt neu erobern können. Wie wichtig dies – besonders für die Sechsjährigen – ist, wurde bereits in Kapitel 2 und Kapitel 4 ausführlich besprochen.

Durchführung:

Bevor die Rallye in Angriff genommen werden kann, bedarf es einiger Vorbereitungen durch die Erzieherinnen. Zuerst muß überlegt werden, welche Strecke ausgewählt wird. Dabei ist zu beachten, daß sie im Umfang von Sechsjährigen leicht bewältigt werden kann. Dies kann eine Strecke in unmittelbarer Umgebung des Kindergartens sein, ebensogut aber auch ein Weg in einer für die Kinder neuen Umgebung.

In unserem Beispiel gingen wir mit den Kindern durch die Altstadt in Mainz. Mit dem Fotoapparat bewaffnet, wurde einige Wochen vorher alles fotografiert, was uns vor die Linse kam, insbesondere kleine unauffällige Dinge wie Hausverzierungen, Hausnummern, Türklinken, Kanaldeckel, Schilder usw. Eine Teleobjektiv war für diesen Fall sehr nützlich.

Die Aufgabe dieser Rallye bestand nun für die Kinder darin, alle auf den Fotos abgebildeten Gegenstände zu finden. Die Kinder waren so aufgefordert, sehr aufmerksam in alle Richtungen zu schauen.

Alle Kinder kannten die Altstadt bereits, stellten aber während der Suchaktion fest, daß sie an vielen Dingen früher vorbeigelaufen sind, ohne sie entdeckt zu haben. Man kann die Rallye mit einer Gruppe durchführen, aber auch verschiedene Kleingruppen gegeneinander antreten lassen, wenn die einzelnen Gruppen ihren eigenen Bereich zum Suchen haben. Zur Belohnung kann es nach Abschluß für alle Beteiligten kleine Preise geben.

Im Wettbewerb liegt gerade für die sechsjährigen Kinder ein großer Reiz. Wie in Kapitel 2 beschrieben, beginnt in diesem Alter das Kräftemessen und das Bedürfnis, mit anderen Kinder in Konkurrenz zu treten.

Die Kinder können bei der Rallye ihre motorischen Bedürfnisse ausagieren, gleichzeitig wird die Wahrnehmung geschult. Ebenso sind Ausdauer und Frustrationstoleranz gefordert, wenn vielleicht ein Bild, trotz allen Suchens, nicht gefunden wird oder man zur Verlierergruppe gehört.

Künstlerische Umgestaltung der Fotografien

Nach Durchführung dieser spannend verlaufenden Rallye können die Fotos – oder Fotokopien davon – weiter ausgewertet werden. Dazu wird folgender Auftrag erteilt: „Sucht euch ein Foto aus, das euch besonders gefällt. Der Gegenstand, der sich auf dem Bild befindet, soll dabei in einen anderen Zusammenhang gestellt werden. Dazu könnt ihr den Gegenstand aus dem Foto herausschneiden und etwas dazu basteln, kleben, malen oder drucken, was eurer Meinung nach dazu paßt."

Beispiel:" Eine Eule, die sich unterwegs in einem Sandsteinbrunnen als Dekoration versteckte, wird jetzt auf einen gemalten Baum in einem dichten Wald gesetzt."

Diese Aufgabe macht den Kindern sehr viel Spaß, da sie nach Lust und Laune phantasieren und experimentieren dürfen. Das Foto, das sie sich aussuchen, ist durch den abgebildeten Gegenstand meist Motivation genug, um viele Ideen freizusetzen. Dazu sind alle möglichen Materialien und Techniken möglich, vom einfachen Deckfarbenmalen bis hin zur Kohlezeichnung oder zum Drucken. Dies bietet eine geeignete Möglichkeit, Kindern bisher noch unbekannte Gestaltungstechniken näherzubringen.

Die Gestaltung kann, je nach Wunsch der Kinder, in Einzel- oder Gruppenarbeit erfolgen.

Spielerische Diaprojektionen

Der Umgang mit technischen Geräten stellt für die sechsjährigen Kinder immer einen besonderen Reiz und gleichzeitig eine Herausforderung dar. In diesem Falle ist es ein Diaprojektor, der vielen Kindern dieser Altersgruppe noch fremd ist.

Bei dieser Aktion steht wiederum das Experimentieren im Vordergrund, und allein dadurch werden die Ergebnisse bestimmt.

Material und Geräte:
Wir benötigen einen möglichst alten, nicht hochwertigen Diaprojektor, eine Diawand oder weiße Wandfläche und eine Verdunklungsmöglichkeit des Raumes. Außerdem Glasdiaplättchen, hitzebeständige Glasfarben in verschiedenen Farbtönen, Lösungsmittel, Lappen, verschiedenes flaches Kleinmaterial wie Federn, Pflanzen, Blüten, Gräser, Papierschnipsel, Blätter, Watte, ganz feine Stoffreste (Gardinen u. ä.), Sand, Puder, Klebstoffe u. ä.

Durchführung:
Auf die Glasplättchen werden die verschiedenen Materialien aufgelegt, aufgetragen oder aufgemalt. Man beginnt am besten mit einem Diaplättchen, das ausschließlich mit verschiedenen Farbtupfern bemalt wurde und legt es in den Projektor. An der Projektionswand erscheint das kleine Werk in mehrfacher Vergrößerung und läßt jeden Betrachter staunen. Die Farbkleckse verwandeln sich plötzlich in eine farbige Phantasielandschaft, die ausschließlich durch die Pinselführung entstanden ist. Die minimalen Effekte, die beim Aufmalen entstehen, sind auf dem Dia selbst kaum zu erkennen und werden erst durch die Vergrößerung und das durchstrahlende helle Licht sichtbar.

Die Kinder erfassen so das Prinzip der Diaprojektion und sind hoch motiviert, andere Gestaltungen auszuprobieren. Das Auflegen von anderen feingliedrigen und flachen Gegenständen oder das Auftragen von durchsichtigem Kleber beispielsweise zaubert unerschöpflich viele Gestaltungsvarianten hervor und jedes Dia wird zu einem einmaligen Kunstwerk.

Die Gestaltung von Dias ist für die Kinder ein weites Feld zum Experimentieren, und die Überraschung ist immer wieder groß. Bei dieser Tätigkeit wird besonders die Feinmotorik geschult, denn es erfordert schon einiges Geschick, auf diesen kleinen Plättchen zu gestalten und Dinge zu befestigen. Die Kinder interpretieren mit großer Begeisterung ihre Werke: „Das sieht aus wie ein Wal, das könnte eine Fledermaus sein..." usw.

Weitere Anwendungsmöglichkeit:
Die Dias können auch als Hintergrundgestaltung eines Theater- oder Musikstückes eingesetzt werden. Die Bilder werden dann passend zur Thematik des ausgewählten Stückes angefertigt und die Farben und Materialien entsprechend ausgesucht.

Die in Kapitel 7 beschriebenen Musikgeschichten, wie beispielsweise die „Moldau" eignen sich gut, um eine solche Hintergrundgestaltung in Angriff zu nehmen. Passend zum Inhalt der Geschichte werden die Materialien ausgesucht und während des Verlaufs der Geschichte mit dem Projektor an der Diawand oder einer Wand im Gruppenraum projiziert.

Sorgfältiges Arbeiten und vorsichtiger Umgang mit den Materialien sowie der technischen Geräte sind hierbei zu beachten und müssen mit den Kindern vorher eingehend besprochen werden.

Kreatives Papierschöpfen

Ein im wahrsten Sinne des Wortes schöpferisches Projekt, das für die Sechsjährigen ein ebenso spannendes wie vielseitiges Unternehmen darstellt, ist das Papierschöpfen. Der kreative wie experimentelle Umgang mit dieser etwa 2000 Jahre alten Kunst eröffnet viele Gestaltungs- und Anwendungsmöglichkeiten. Mit relativ wenig Aufwand und geringen Kosten können die Kinder und Erzieherinnen gleichermaßen erleben, wie Papier hergestellt wird. Durch Farben, Strukturen und Kombinationen mit hinzugefügten Materialien kann es verändert und gestaltet werden. Der Reiz der unerwarteten Ergebnisse fasziniert und motiviert zu immer wieder neuen Kreationen.

Papier ist in unserem heutigen Leben nicht mehr wegzudenken und gehört auch für Kinder zu einem selbstverständlichen Material. Speziell in der Schule, die schon bald auf sie zukommt, wird fast ausschließlich auf Papier gemalt und geschrieben. Deshalb ist es für Kinder wissenswert und interessant, etwas über die Erfindung des Papiers und die verschiedenen Herstellungsarten der verschiedenen Kulturen zu erfahren. In entsprechender Literatur kann man einiges darüber erfahren. Schnell ist die Neugierde geweckt, sich damit näher zu beschäftigen und eigenes Papier zu produzieren.

Anschließend folgt eine, auf das Wesentliche beschränkte Beschreibung des Papierschöpfvorgangs und seine Umsetzungsmöglichkeit im Kindergarten.[21]

Material und Werkzeug:
Altpapier, Mixer, Schöpfwannen, Schöpfgitter bzw. -rahmen, Gautschtücher (Einfache Allzwecktücher), saugfähige Unterlagen, Nudelholz, Trockenständer, Wäscheklammern, Pflanzenteile wie Gräser, Blätter, getrocknete und gepresste Blumen, Stroh, Kordel u. ä., Plakafarbe.

Durchführung:
1. Zuerst muß ein sogenannter Faserbrei hergestellt werden. Dazu weichen wir gerissene Papierschnipsel über Nacht in Wasser ein. Geeignet sind besonders Zeitungspapier, Pappe, Toilettenpapier usw. Das ausgewählte Recyclingpapier bestimmt die Farbe und Struktur des geschöpften Papieres. Diese Papierschnipsel werden anschließend mit einem Mixer zu einem feinen Brei zerkleinert.

2. Aus einfachem Fliegendraht, der auf die gewünschte Größe zurechtgeschnitten wird, stellen wir ein Schöpfgitter her. Dieses Gitter sollte für die Kinder nicht größer als ca. 10 cm auf

---

[21] vgl. Hartel, 1993

10 cm betragen, da die Kinder mit ihren kleinen Händen es so
besser handhaben können; ein Rahmen ist nicht erforderlich.

3. Dieses Schöpfgitter wird nun schräg vom Wannenrand aus
vollständig in den dickflüssigen Brei eingetaucht. Mit beiden
Händen wird das Sieb von unten gehalten und in eine waage-
rechte Lage gebracht. Jetzt hebt man das Sieb vorsichtig heraus.
Dabei setzt sich langsam eine gleichmäßige Schicht Faserbrei
auf dem Gitter ab. Nach kurzem Abtropfen wird das Gitter auf
die bereitliegenden Gautschtücher mit dem Brei nach unten
umgestülpt. Mit dem Nudelholz rollt man nun mit leichtem
Druck darüber, um das geschöpfte Papier zu entwässern. Saugfähige Unterlagen aus mehreren Lagen Tüchern oder Wickel-
unterlagen aus Molton vermeiden zu starkes Nässen auf dem
Tisch. Durch das Abrollen hebt sich das Gitter leicht ab, und
das erste geschöpfte Papier ist entstanden. Das Papier haftet
sehr gut auf den Gautschtüchern, so daß es mit Wäscheklammern auf einer Leine zum Trocknen aufgehängt werden kann.

4. Die Basistechnik des Papierschöpfens ist damit schon erfüllt.
Jetzt kann beliebig kreativ weitergearbeitet werden. Sei es durch
Verwendung anderer, auch farbiger Papiere oder Hinzufügen
von Plakafarben o. ä. Weiterhin durch Aufbringen von Materialien wie Pflanzenreste, Blätter, Gräser usw., die einfach nach
dem Schöpfvorgang, also vor dem Abrollen auf dem Gautsch-
tuch aufgelegt werden. Manchmal ist es notwendig, zur Be-
festigung ein wenig Faserbrei mit der Hand aufzutragen.
    Es gibt eine Menge weiterer Gestaltungsmöglichkeiten, die
sich oft auch beim Arbeiten ergeben oder die man in entsprechender Literatur nachlesen kann, je nach dem, wie intensiv
man sich mit dieser Technik beschäftigen möchte.

5. Natürlich bieten sich nach der Herstellung des eigenen Papieres auch noch weitere Aktionen an, bei denen die Papiere
verarbeitet werden. Sie können zu Grußkarten, zu Geschenk-
verpackungen, Umschlägen für Hefte und Bücher, Lesezeichen,
zu Verkleidungen von Dosen oder zu reinen Bildobjekten um-
gestaltet werden, wobei dazu jedoch größere Schöpfgitter verwendet werden müssen.

Eine ideale Ergänzung zu diesem Projekt bietet sich für Kindergärten an, die sich im Raum Mainz oder zumindest in erreichbarer Nähe befinden. Es gibt dort neben dem „Gutenbergmuseum" die „Museumspädagogische Werkstatt". Hier kann nach vorheriger Anmeldung und unter fachlicher Anleitung nach Lust und Laune und unter Anwendung verschiedener Drucktechniken experimentiert werden. Man wird mit den verschiedenen Drucktechniken von Gutenbergs Zeiten bis zu modernen Verfahren mit allem Wissenswerten durch eigenes praktisches Tun vertraut gemacht. Ein Ausflug, der sich lohnt und mit Kindern von sechs Jahren erfahrungsgemäß gut durchführbar ist.

Praxisanregungen aus den Bereichen: Sachbegegnungen und Experimentieren

Wie funktioniert das? Warum fliegt ein Flugzeug? Kann man wirklich zaubern? Fragen über Fragen, die uns insbesondere von sechsjährigen Kindern in allen Lebenslagen gestellt werden und auf die wir Erwachsene oft selbst keine genaue Antwort geben können.

Wer Kinder dieser Altersgruppe genauer beobachtet, stellt fest, daß sie stets den Dingen auf den Grund gehen wollen und mit alltäglichen Dingen herumexperimentieren. Sie füllen beispielsweise mit Begeisterung Wasser von einem Gefäß in ein anderes, um auszuprobieren, wieviel jeweils in das anders geformte Gefäß hineinpaßt. Sie spielen mit Kerzen, indem sie sie auf verschiedene Weise löschen, oder basteln unterschiedliche Papierflieger, um endlich den schnellsten und besten zu erfinden. Die Liste der Ideen, die Kinder von ganz allein entdecken, ist unerschöpflich, das Interesse, natürlichen Phänomenen auf die Spur zu kommen, riesengroß.

Was läge also näher, als dieser Entdeckerfreude und diesem Forscherdrang mit gemeinsam durchgeführten Experimenten nachzugeben und die Kinder endlich auch einmal erlaubterweise mit sogenannten gefährlichen Dingen hantieren zu lassen.

Anhand einer kleinen Auswahl leicht durchführbarer Experimente und Tricks möchten wir die Erzieherinnen ermuntern, eine solche Aktion in Angriff zu nehmen, wobei die Auswahl der Versuche ganz auf die Interessen der jeweiligen Kinder bzw. auf die vorhandenen Materialien zugeschnitten werden kann.

Spielerisch werden die Kinder mit physikalischen, chemischen oder mathematischen Ereignissen konfrontiert und begreifen durch eigenes Tun einfache Zusammenhänge. Viele Experimente gleichen aufregenden Zaubertricks und versetzen Kinder wie Erwachsene immer wieder ins Staunen.

Die aufgeführten Beispiele sind exemplarisch herausgegriffen und wurden mit sechsjährigen Kindern in verschiedenen Kindergärten ausprobiert. Immer waren die Kinder mit Feuereifer dabei und konnten vom „Zaubern" und „Forschen" nicht genug bekommen.[22]

---

[22] vgl. Press, 1995

1. Experiment: „Hüpfendes Salz"

Man benötigt einen kleinen Plastiklöffel und etwas Salz. Mit dem Löffel reibt man nun am Pullover oder auf dem Kopf einige Male hin und her und hält anschließend den Löffel ca. 1 cm über das Salzhäufchen. Blitzartig hüpfen die Salzkörner hoch und bleiben an der Unterseite des Löffels kleben.

2. Experiment: „Schlangentanz"

Genauso reagiert eine aus Seidenpapier ausgeschnittene Schlange. Nähert man sich ihr, hebt sie den Kopf, richtet sich auf und bleibt schließlich eine Zeit am Löffel kleben.

3. Experiment: „Die Zauberblume"

Aus Filterpapier wird ein Kreis als Blüte geschnitten und ein dicker Punkt mit z. B. lila Filzstift gemalt. In den Punkt wird mit einem Nagel ein Loch gestochen. Eine aus Filterpapier gedrehte Rolle dient als Blumenstengel. Dieser wird durch das Loch geführt und so mit der Blüte verbunden. Steckt man nun die Blume mit dem Stengel in eine mit Wasser gefüllte Flasche, saugt er sich voll und die lila Farbe zerfließt in rote und blaue Farbtöne. Auf diese Weise können die reizvollsten Motive entstehen und viele Kinder werden nicht müde, immer wieder neue Farbkompositionen auszuprobieren und damit zu experimentieren.

4. Experiment: „Geheimschrift"

Mit einem Pinsel wird Zitronensaft auf ein weißes Blatt Papier aufgetragen. Nach einer kurzen Trockenzeit sind die Schrift oder die gemalten Motive unsichtbar. Hält man das Papier anschließend über eine Kerzenflamme oder bügelt mit einem heißen Bügeleisen darüber, färben sich die aufgetragenen Linien braun.

5. Experiment: „Der eigenständige Luftballon"

In eine halb mit Wasser gefüllte Flasche schüttet man Backpulver und ein wenig Essig. Schnell wird ein Luftballon über den Flaschenhals gestülpt und die Flasche etwas geschüttelt. Es

empfiehlt sich, den Ballon vorher schon einmal aufzublasen, damit er nachgiebiger wird. Durch die Treibkraft der Hefe bilden sich Gase, und der Luftballon bläst sich von selbst auf.

6. Experiment: „Kunstwerke im Suppenteller"

Man legt zwei Zuckerstückchen in einen mit wenig Wasser gefüllten Suppenteller. Anschließend gibt man einige Tropfen

Tinte auf die Würfel. Die Tinte verläuft nun in schlierenarti-
gen Spuren vom Würfel aus in das Wasser. Verwendet man
verschiedenfarbige Tinte, entsteht ein phantasievolles Farben-
spiel.

Bei diesen und ähnlichen Experimenten, erleben die Kinder,
daß hier ganz besondere, nicht sichtbare oder spürbare Kräfte
wirken, die einer Zauberei gleichkommen und die an Erfahrungen des Alltags anknüpfen. Erklärungen sollten nicht aufge-
drängt und auch nicht zu ausführlich gegeben werden, aller-
höchstens in vereinfachter Form, wenn die Kinder ganz besonders interessiert und wissensdurstig nachfragen. Kinder dieses
Alters können viele Zusammenhänge noch kaum verstehen
oder nachvollziehen und wären mit naturwissenschaftlichen
Erklärungen überfordert. Die Experimente und die Erfahrungen, die sie dabei erleben, faszinieren, machen Spaß, und die
Kinder finden im spielerischen, eigenständigen Ausprobieren
Zugang zu einfachen physikalischen Phänomenen.

Die Begeisterung, die Kinder beim Herumexperimentieren
im Haushalt oder im Kindergarten zeigen, wird häufig von den
Erwachsenen nicht geteilt. Oft entsteht dabei ein unüberseh-
bares Chaos, oder die Gefahr im Umgang mit sogenannten gefährlichen Materialien wie beispielsweise Messer, Feuer oder
Elektrogeräten erscheint ihnen zu groß. Wenn man aber gemeinsam mit den Kindern in einer Gruppe solche Versuche startet
und die Kinder unter Beobachtung forschen dürfen, wird der
Reiz genommen, es heimlich zu tun und dadurch eventuell
Schaden anzurichten.

Erfahrungen zeigen, daß Kinder viel vorsichtiger und behut-
samer arbeiten als von Erwachsenen oft erwartet wird, und es
stellt sich heraus, daß man ihnen schon eine ganze Menge zu-
trauen kann. Dies stärkt nicht zuletzt auch das kindliche
Selbstvertrauen und das Gefühl der Selbständigkeit.

Es empfiehlt sich, während des Experimentierens und in einem abschließenden Gruppengespräch über eventuelle Gefahren nachzudenken und so ein Bewußtsein dafür zu schaffen.

Insgesamt gesehen ist Experimentieren ein Unternehmen
ganz besonderer Art, das auch Erwachsene fasziniert und Kinderaugen zum Leuchten bringt. Nicht selten zieht sich eine sol-

che Experimentierfreude über lange Zeit hin und wird auch zu Hause weitergeführt. Deshalb ist es sinnvoll, den Kindern auch hinterher, im „normalen" Kindergartenalltag, Experimentiermaterial zugänglich zu machen. (siehe dazu auch S. 63 f.)

Nachwort

Bei allen Ausführungen in diesem Buch über das letzte Kindergartenjahr ist deutlich geworden, daß das Kind selbst mit seinen alters- und entwicklungsgemäßen Bedürfnissen im Mittelpunkt der pädagogischen Arbeit stehen muß.

Die vorrangige Aufgabe des Kindergartens besteht deshalb darin, für Kinder in Ergänzung zum Elternhaus einen Boden zu schaffen und einen Lebensraum zu bieten, der es ihnen ermöglicht, sich altersgemäß zu entfalten und die eigenen Fähigkeiten weiterzuentwickeln. Kinder können dadurch Vertrauen zu sich selbst gewinnen.

Die Erfahrung, angenommen zu sein und mit den eigenen Wünschen und Bedürfnissen ernst genommen zu werden, ist die grundlegende Voraussetzung für eine gesunde Entwicklung der kindlichen Persönlichkeit. Kinder, die in ihrem Neugierverhalten und ihrer Experimentierfreude durch geeignete Rahmenbedingungen und Angebote von seiten der Erzieherinnen verstärkt und gefördert werden, entwickeln Freude am Lernen und sind hoch motiviert, Neues kennenzulernen und zu entdecken.

Wenn es im Kindergarten gelingt, Kinder beim Aufbau eines positiven Selbstwertgefühls zu unterstützen, Neugier zu wecken und den Spaß am Lernen zu fördern, leistet der Kindergarten nicht nur einen wesentlichen Beitrag für einen erfolgreichen Schulbesuch, sondern auch für das gesamte weitere Leben.

Wir wollen unser Buch mit folgender kleinen Geschichte schliessen:

Der Garten

Frosch war in seinem Garten. „Hallo, Frosch!" rief Kröte. „Dein Garten ist wunderschön." „Ja", antwortete Frosch. „Aber er macht viel Arbeit." „Ich hätte auch gern einen Garten", sagte Kröte. Da schenkte Frosch ihr ein paar Samen. „Steck sie in die Erde. Dann wachsen bei dir auch bald Blumen."

Kröte rannte heim und steckte die Samen in die Erde. „Jetzt müßt ihr aufgehen!" sagte sie zu den Samen. Zehnmal mar-

schierte sie auf und ab. Kam schon etwas aus der Erde? Nein, kein einziges grünes Spitzchen.

Kröte beugte sich hinunter und rief: „He, Samen, ihr sollt aufgehen!" Aber es kam nichts heraus. Kein einziges grünes Spitzchen.

Kröte versuchtes es noch einmal. Sie schrie so laut sie konnte: „Ihr sollt aufgehen!" Frosch kam angerannt. „Was machst du nur für ein Geschrei?" „Meine Samen gehen nicht auf", erklärte Kröte. „Wenn du so schreist", sagte Frosch, „fürchten sich die Samen und bleiben in der Erde." „Sie fürchten sich?" fragte Kröte. „Meinst du wirklich?"

„Klar", sagte Frosch. „Laß sie ein paar Tage in Ruhe. Warte, bis die Sonne auf sie scheint. Warte, bis der Regen auf sie fällt. Dann gehen sie auf."

Aber Kröte war ungeduldig. In der Nacht schaute sie nach ihrem Beet. „Verflixt", sagte sie. „Sie gehen nicht auf. Vielleicht fürchten sie sich im Dunkeln." Sie zündete Kerzen an für die Samen. Sie holte ein Buch und las ihnen eine Geschichte vor. „Ihr braucht euch nicht zu fürchten", sagte sie zu den Samen.

Am nächsten Tag sang Kröte den Samen ein Lied nach dem andern vor.

Einen Tag später las Kröte den Samen Gedichte vor.

Am dritten Tag spielte Kröte für ihre Samen auf der Geige.

Aber alles war vergebens. Die Samen gingen nicht auf. „Was ist nur los?" jammerte Kröte. „Die fürchten sich, aus der Erde zu kommen. So ängstliche Samen hab ich noch nie gesehen."

Kröte wurde müde und schlief ein.

Lange schlief sie. Bis Frosch kam und rief: „Kröte, Kröte wach auf! Schau mal, was da wächst!"

„Joi!" rief Kröte. „Meine Samen! Endlich sind sie aufgegangen." „Jetzt hast du auch einen schönen Garten", sagte Frosch. „Ja", sagte Kröte. „Aber ich habe schwer dafür gearbeitet."

Aus: Arnold Lobel, Frosch und Kröte Unzertrennlich
Neu erzählt von Tilde Michels. dtv junior Lesebär, Juni 1996
© der deutschsprachigen Ausgabe: Deutscher Taschenbuch Verlag GmbH & Co. KG, München
Titel der amerikanischen Originalausgabe „Frog and Toad together", erschienen bei Harper Collins Publishers, New York

Literatur

Baumgart, Klaus: „Ungeheuerlich". Stuttgart 1989
Colberg-Schrader, Hedi / Krug, Marianne / Pelzer, Susanne: Soziales Lernen im Kindergarten. München 1991
Colberg-Schrader, Hedi / Krug, Marianne: Lebensnahes Lernen im Kindergarten. München, 3. Auflage 1986
Friedemann, Lilli: Kinder spielen mit Klängen und Tönen. Wolfenbüttel und Zürich 1971
Hacker, Hartmut: Vom Kindergarten zur Grundschule. München 1992
Hartel, Traudel: Papierschöpfen. Ravensburg 1993
Haus für Kinder. Abschlußbericht. Ministerium für Kultur, Jugend, Familie und Frauen. Rheinland-Pfalz
Krenz, Armin: Der Situationsorientierte Ansatz im Kindergarten. Freiburg, 9. Aufl. 1995
Kästner, Erich: Gesammelte Schriften. Bd. 5. Vermischte Beiträge. Köln/Berlin o. J.
Ljunggren, Kerstin: Besuch bei Astrid Lindgren. Hamburg 1994
Lobel, Arnold: Frosch und Kröte – Dicke Freunde. München 1995
Lenzen, Hans Georg: Die Republik der Taschendiebe. Düsseldorf 1960
Press, Hans Jürgen: Spiel – das Wissen schafft. Ravensburg, 2. Aufl. 1995
Remplein, Heinz: Die seelische Entwicklung des Menschen im Kindes- und Jugendalter. München/Basel, 17. Aufl. 1971
Schramm, Karl: Das kleine Buch von Mainz. Mainz 1943
Vom Kindergarten zur Schule. Erprobte Wege der Zusammenarbeit von Erziehern und Lehrern. Hrsg.: Staatsinstitut für Frühpädagogik, München. 2. Aufl. 1991

Anregungen zum Weiterlesen

Bröder, Monika: Gesprächsführung im Kindergarten. Anleitung, Modelle, Übungen. Freiburg 1993

Carle, Eric: Nur ein kleines Samenkorn. Hildesheim, 4. Aufl. 1993

Fink-Klein, Waltraud / Peter-Führe, Susanne / Reichmann, Iris: Rhythmik im Kindergarten. Freiburg, 7. Aufl. 1995

Gordon, Thomas: Familienkonferenz. München 1990

Hartl, Sonja: Experimente, Experimente! Würzburg, 2. Aufl. 1994

Mahlke, Wolfgang / Schwarte, Norbert: Wohnen als Lebenshilfe. Weinheim und Basel 1985

Mahlke, Wolfgang / Schwarte, Norbert: Raum für Kinder. Ein Arbeitsbuch zur Raumgestaltung in Kindergärten. Weinheim und Basel 1985

Müller, Else: Du spürst unter Deinen Füßen das Gras. Autogenes Training in Phantasie und Märchenreisen. Frankfurt am Main 1993

Mönter, Burkhard: Strom zieht Kreise. Aus Theorie und Praxis der Sozialpädagogik 6/92

Näger, Sylvia: Medienerziehung im Kindergarten. Freiburg, 2. Aufl. 1995

Seehausen, Harald: Familien zwischen modernisierter Berufswelt und Kindergarten. Freiburg 1989

Seitz, Rudolf: Kunst in der Kniebeuge. München 1990

Scheiblauer, Mimi: Musik und Bewegung. Zürich 1984

Ward, Alan / Johnson, Mary / McPherson, J. G.: Spaß mit Experimenten. Ravensburg 1982

Zimmer, Renate / Clausmeyer, Ingrid / Voges, Ludwig: Tanz – Bewegung – Musik. Situationen ganzheitlicher Erziehung im Kindergarten. Freiburg, 3. Aufl. 1994

Quellenangaben zu Musikbeispielen

„Aus Böhmens Hain und Flur – Die Moldau und slawische Tänze", Bedrich Smetana, Cassette der Deutschen Grammophon Gesellschaft Nr. 3335 632

„Das Kinderkonzert – Die Moldau", von Smetana, erzählt von Lutz Lansemann, Cassette der RCA Schallplatten GmbH Hamburg, LC Nr. 0316

„White Winds", Andreas Vollenweider, Cassette Nr. 1649

„Piccolo, Sax und Co. – Kleine Geschichte eines großen Orchesters", Andre Popp, Cassette Fontana, Nr. 7299 387

„Peter und der Wolf – Eine musikalische Erzählung für Kinder" Serge Prokofieff, Sprecher: Marius Müller-Westernhagen, Kent Nagano, Orchestre De L'opera de Lyon, Erato, CD Nr. 4509-91733-2

„Direct", Vangelis, Arista, CD. Nr. 259 149

„Carmen Suite Nr. 1 und Nr. 2", Bizet, L'arisienne Suite Nr. 1 und Nr. 2, APCD Nr. 318

„Symphony Nr. 3 – Organ Symphony, Carnival of the animals" von Camille Saint-Säens, Digital Concert Nr. 626

„Music Wonderland", Mike Oldfield, Virgin, CD Nr. 610 387-222

„Silversand", Sigi Schwab und Percussion Academia Melosmusik, CD Nr. GS 1-704

„Het Beste Van", John Denver, CD PD 74599

„The orchestral sound of", Apollo 100, BRCD 117

„Hummelflug", Rimsky Korssakoff, Phonogramm GmbH Hamburg, LP Nr. 29611-1

„Wassermusik", Georg Friedrich Händel, Philips, LP Nr. 92990

„Vier Jahreszeiten", Antonio Vivaldi, Philips, CD Nr. 434977-2

„Peer Gynt", Edvard Grieg, Grand Gala, CD Nr. DGL 2112

„Carneval der Tiere", Camille Saint-Säens, Digital Recording, CD Nr. CCT 626

Praxisbuch Kindergarten

Für Ausbildung und Beruf

Kreativität im Kindergarten

Heike Baum
Kleider, Masken, Rollenspiel
Darstellende Spiele für den Kindergarten
ISBN 3-451-22812-2

Hilde Kappesz
Kreatives Leben mit Kindern
Der situationsorientierte Ansatz im Kindergartenalltag
ISBN 3-451-23357-8

Sylvia Näger
Kreative Medienerziehung im Kindergarten
Ideen – Vorschläge – Beispiele
ISBN 3-451-22548-4

Hildegard Schaufelberger
Märchenkunde für Erzieher
Grundwissen für den Umgang mit Märchen
ISBN 3-451-20130-5

Ingeborg Becker-Textor
Kreativität im Kindergarten
Anleitung zur kindgemäßen Intelligenzförderung
im Kindergarten
ISBN 3-451-21197-1

In Ihrer Buchhandlung erhältlich ———— **HERDER**

Praxisbuch Kindergarten

Für Ausbildung und Beruf

Sozial-Emotionale Erziehung

Ruth Bleckmann
Soziales Verhalten im Kindergarten
Die Praxis der kleinen Schritte
ISBN 3-451-20122-4

Alexander Sagi
Verhaltensauffällige Kinder im Kindergarten
Ursachen und Wege zur Heilung
ISBN 3-451-19324-8

Ingeborg Becker-Textor
Schwierige Kinder gibt es nicht – oder doch?
„Problemkinder" im Kindergarten
ISBN 3-451-21451-2

Heidi Friedrich
Beziehungen zu Kindern gestalten
Einsichten und Übungen für den Alltag
ISBN 3-451-22960-9

Wolfgang Longardt
Leben im Jahreskreis 1
Frühling und Sommer im Kindergarten
ISBN 3-451-20121-6

Wolfgang Longardt
Ermutigung zum Glauben
Von und mit Kindern lernen
ISBN 3-451-21231-5

In Ihrer Buchhandlung erhältlich ———— **HERDER**